デジタル時代の基礎知識

【PR思考】

【人やメディアが「伝えたくなる」新しいルール】

伊澤 佑美
Yumi Izawa

根本 陽平
Yohei Nemoto

SE SHOEISHA

はじめに

「PR」は、あなたの仕事ですか？あるいは、あなたは「PR」に興味がありますか？

この本を手に取っていただいたということは、きっと答えは「はい」ですね。よかった、この本はきっと、あなたの役に立ちます。

あなたが、今「PR」の仕事についている人であっても、これから、「PR」を取り入れようと思っている人であっても、「PR」に興味はあるけど、何をどうしたらいいかわからない人であっても、です。

でも、ちょっと待ってください。
「PR」と聞いて、今あなたは何のことを思い浮かべましたか？

私たちは長年、PRのプロフェッショナルとして、様々な企業や団体のサポート役を務めてきましたが、「PR」という言葉には、けっこう悩まされてきました。

「PR」は「Public Relations」の略ですが、この言葉を聞いて思い浮かべることが、どうもみんなバラバラなんです。それが原因でトラブルが起きることもしばしば。これって、恥ずかしながら、「PR」のPR下手が、モロに表れていることの証ですよね。「紺屋の白袴」というやつです。

それではイカン。と思っていた矢先、「本を書く」という機会に恵まれました。お話をもらったとき、私たちの長年のモヤモヤを解消できるチャンスかもしれない、と思いました。PRパーソンが思い描く理想的なPRと、現場的なPRの間にある「ギャップ」を埋め、橋渡しをす

るような、PRのあり方を新たに提示できないだろうか？「PR」という言葉をなるべく誤解なく伝え、かつ、その目的によって使い分けられるような方法はないだろうか？ PRは、そのノウハウや知見が「経験」や「勘頼り」で属人的になりがちだが、どうしたらそれが解決できるだろうか？ ……本を書くにあたり、試行錯誤を繰り返しました。

　その結果、PRを「思考」と「手法」に分けることを思いつきました。こうするだけで、PRをとてもシンプルにかつ体系的に考えられるようになることに気づいたのです。

　特に、私たちが重視したのは「PR思考」です。なぜなら、「PR思考」があれば、「PR手法」にも苦労しないからです。だから、この本のタイトルも「PR思考」です。
　実際に書いてみて、手前みそですが、PRの理想と現場をつなげる、初めての本になったのではないかと思っています。

　「PR思考」は、いわゆる広報担当だけでなく、経営者はもちろん、商品担当も、研究開発担当も、マーケティング担当も、宣伝担当も、大企業の方も、スタートアップの方も、これからの時代を生きる全てのビジネスパーソンにとって、絶対に必要なスキルです。

　だから、ぜひこの本を読んでみてください。

　ここにお約束します！「PR思考」は、あなたのビジネスを豊かにします。そして、この本は、その足がかりになることでしょう。

株式会社電通パブリックリレーションズ
伊澤佑美・根本陽平

CONTENTS | 目次

はじめに …………………………………………………………………………… 002

> INTRODUCTION
「PR思考」で明日から仕事が変わる！ …… 009

| 01 「PR」と聞いて、何を思い浮かべますか？ ……………………………… 010
| 02 PRを「思考」と「手法」に分けて考えよう！ ………………………… 012
| 03 PR「手法」って何？ ……………………………………………………… 014
| 04 PR「思考」って何？ ……………………………………………………… 016

> CHAPTER 1
PRって何だろう？ ～押さえておきたいPRの歴史社会学～ …… 019

| 01 PRの「本質」を知ろう！ ………………………………………………… 020
| 02 **[米国におけるPRの歴史社会学①]** 近代的PRが始まったのは米国鉄道会社から！…… 022
| 03 **[米国におけるPRの歴史社会学②]** PR=パブリシティの時代に突入！……… 024
| 04 **[米国におけるPRの歴史社会学③]** パブリック・リレーションズへの進化 …… 026
| 05 PRは「LOVE ME」！ …………………………………………………… 028
| 06 関係構築には「共汗（きょうかん）」が大事！ ……………………… 030
| Column マーケティングとPRが近づいた!? ……………………………… 032

> CHAPTER 2

PR思考に必要なメソッド① エクリプスモデル 033

01	「相手からどう思われているか」を把握しよう！	034
02	探すべきは「関心」か「問題」！	036
03	SWOTを変換して考えよう！	038
04	「私」と世の中をつなげる「エクリプスモデル」を使おう！	042
05	「どう思われているか」はマルチ・エゴサーチで調べよう！	050
06	エゴサーチのチェックリスト	052
07	チェック結果に基づいた「関心」「問題」の探し方	054
08	その「関心」「問題」は本当に「取り組むべきこと」か？	056
Column	エクリプスモデルの名の由来	058

> CHAPTER 3

PR思考に必要なメソッド② PR IMPAKT® 059

01	メディアが報道したくなる!?「PR IMPAKT®」って何？	060
02	【PR IMPAKT®①】Inverse（逆説、対立構造）	062
03	【PR IMPAKT®②】Most（最上級、初、独自）	064
04	【PR IMPAKT®③】Public（社会性、地域性）	066
05	【PR IMPAKT®④】Actor／Actress（役者）	068
06	【PR IMPAKT®⑤】Keyword（キーワード、数字）	070
07	【PR IMPAKT®⑥】Trend（トレンド、時流、季節性）	072
Column	これで考えよう！ PR IMPAKT®	074

> CHAPTER 4

PR思考に必要なメソッド③ 感情トリガー ……… 075

01	人がシェアしたくなる!?「感情トリガー」って何? ………	076
02	[感情トリガー事例①] 資生堂の場合 ………	078
03	[感情トリガー事例②] 安川電機の場合 ………	080
04	[感情トリガー事例③] P&Gの場合 ………	082
05	よりシェアされやすい「感情」は何? ………	084
06	性別・年代別の特徴を押さえよう! ………	086
Column	受け手の気持ちになってチェックしよう! ………	088

> CHAPTER 5

「PR思考」の活用例 成功事例アレコレ …… 089

01	超PR思考を実現する「コアアイデア創出・検証フレーム」………	090
02	[事例① 企業活動に活かす] サクラパックス「熊本城組み建て募金」………	096
03	[事例② 商品のブランディングに活かす] ベジタルファーム「メタル社歌/メタル小松菜」……	102
04	[事例③ 新商品開発に活かす] 透けない白T製作委員会「正装白T」………	108
Interview	川辺洋平(透けない白T製作委員会代表) ………	116
05	[事例④ 採用活動に活かす] 国際自動車(kmタクシー)「ありのまま採用/仮面就職」……	120
Interview	川田政、青木雅宏(国際自動車) ………	126
Column	「競争優位」と「情報優位」………	132

> CHAPTER 6

「PR手法」のキホンのキ ……… 135

01	世の中との「接点強化」に「決まり手」はない！………	136
02	「パブリシティ」は基本かつ重要！………	138
03	絶対押さえておきたいPR手法の代表例………	140
04	「パブリシティ・チェッカー」で要素を確認しよう！………	142
Column	パブリシティ・チェッカーのポイント………	146

> CHAPTER 7

デジタル時代のPR手法 ……… 147

01	デジタル時代でPR手法も「拡張」する！………	148
02	デジタル時代の「郷」に従うべし！………	150
03	[PR手法を動かすドライバー①] ダイレクト………	152
04	[PR手法を動かすドライバー②] モーメント………	156
05	[PR手法を動かすドライバー③] タイム………	160
06	[PR手法を動かすドライバー④] インクルーシビティ………	162
07	[PR手法を動かすドライバー⑤] ファクト………	164
Column	「フェイクニュース」に要注意！………	166

> CHAPTER 8

「PRマスター」になるための心得 ……… 168

| 01 | PRマスターになるために「PR思考」を磨くべし！……… | 168 |
| 02 | [世の中に精通する①] 最新動向を知ろう！……… | 170 |

03	[世の中に精通する②]「リスク」の視点を忘れずに！	172
04	[メディアに精通する①] PESOメディアを知ろう！	174
05	[メディアに精通する②] 情報流通の構造を知ろう！	176
06	[メディアに精通する③] インフルエンサーを知ろう！	180
07	[メディアに精通する④]「メディアの分散化」について知ろう！	184
08	PRの成果・効果測定はどうすればよい？	186
09	PRを進めるうえで効率的な組織体制は？	190
Column	一億総PRパーソン時代へ！	192

参考文献	193
おわりに	194
用語集	196
索引	204
著者紹介	207

○ 本書の特典について

本書の特典として、次の3点をご用意しています。特典は、全てダウンロードしてご利用いただけます。詳細はP.207をご参照下さい。

①本書で紹介するメソッドの使い方〜PRサイクルのココで、コレを使おう！〜
②PR思考に基づく「コアアイデア創出・検証フレーム（エクリプスモデル＋PR IMPAKT ＆ 感情トリガー解説付）」
③PR手法を磨く「ニュースリリースの基本（＆パブリシティ・チェッカー付）」

○ ソーシャル・イシュー・ヒントマップについて

本書カバーの裏側に、世の中の「関心」と「問題」を地球規模から個人的なものまで詳細に分類した「ソーシャル・イシュー・ヒントマップ」を掲載しています。自社・自ブランドと世の中との「接点」を探るためのツールとして、ぜひご利用下さい。

INTRODUCTION

「PR思考」で明日から仕事が変わる!

01 「PR」と聞いて、何を思い浮かべますか?
02 「PR」を「思考」と「手法」に分けて考えよう!
03 「PR手法」って何?
04 「PR思考」って何?

> INTRODUCTION 「PR思考」で明日から仕事が変わる！

No. 01 「PR」と聞いて、何を思い浮かべますか？

　あなたは、「PR」にどんな印象を持っていますか？「PR」と聞いて、何を思い浮かべますか？

　「PR」という言葉は、あちこちで見かけます。履歴書には「自己PR」欄がありますし、公共施設などのロビーには「地元の特産品PRコーナー」があったりします。テレビをつけると、「人気俳優による、出演映画のPRタイム」のようなコーナーを見かけることもありますね。

　中には、PRを「新聞やテレビなどのニュースで取り上げられること」と捉えている人もいるかもしれません。

　あるいは、PRについての教科書を読んだことがある人なら、PRは「Public Relations」の略で、「企業や団体が、公衆＝パブリックとの間に（良好な）リレーションズ＝関係を作っていくこと」だと覚えている人もいるでしょう。

　実は、**「PR」という言葉はよく耳にする一方で、その使われ方や意味の捉えられ方は実にあいまいとしています**。筆者のように、PRを生業としているプロフェッショナルの中でも、今ひとつ共通の認識を持てずにいるというのが実状です。

　すると、どういうことが起きるのか。PRという言葉の捉え方が一致していないために、「PRに求める成果の認識がズレていて、蓋を開けてみたら思っていたことと違った」「PRの相談をしたら、パブリシティの施策しか出てこなかった」「PRしたいと言われたので、いろいろ頑張ったのに満足してもらえなかった」といった**コミュニケーショントラブルがあちこちで発生する**のです（図1）。これは、はっきり言って大きなチャンスロスです。

図1 世の中には「PR」という言葉があふれている！

履歴書にある「自己PR」欄 公共施設のロビーにある「地元の特産品PRコーナー」 テレビ番組で見かける「人気俳優による、出演映画のPRタイム」	主に「アピール」の意味で使われている
新聞やテレビなどのニュースで取り上げられること （通称：パブリシティ）	PRに使われる手法の1つ
Public Relationsの略。 企業や組織・団体が、公衆＝パブリックとの間に（良好な）リレーションズ＝関係を作っていくこと	PRの教科書や専門書に載っている一般的な定義

▼

PRに求める成果の認識がズレていた

PRの相談をしたら、パブリシティの施策しか出てこなかった

PRしたいと言われたので、いろいろ頑張ったのに満足してもらえなかった

「PR」の捉え方は、人によってマチマチ。
「PRしたい」と言ったとき、
お互いの認識にズレが生じることも……！

> INTRODUCTION 「PR思考」で明日から仕事が変わる!

No. 02 PRを「思考」と「手法」に分けて考えよう!

● PRを「シンプル」に考えるために

あなたはどんな立場で、あるいはどんな担当で、どんな課題や悩みを抱えていますか?そして、PRにどんなことを期待していますか?

「新商品やサービスを開発し、ローンチを控えている」
「商品をリニューアルしたが、以前とあまり変わりがない」
「法規制があって、言えることが限られている」
「自社の商品が他社と差別化しにくい」
「ロングセラー商品だけど、売上が徐々に右肩下がり」
「新規事業を立ち上げたいが、当たるかどうかわからない」
「会社に対するイメージが悪く、いい人材が入ってこない」

……このような課題やお悩みを抱えているなら、「PR」を取り入れるチャンスです。「うんこ漢字ドリル」「10分どん兵衛」「電子タバコ」etc...。今も昔も、世の中には従来の常識を覆すような大ヒット商品やサービスが定期的に誕生します。そのような大ヒット商品・サービスは、全て「PR」をフル活用しています。

「じゃあ、この本で言うPRって何なの?」と思われた人、そのご質問はもっともです。本書が提案するPRとは何なのか。

この本では、PRを「思考」と「手法」に分けて考えることを提案します(図2)。PRを「思考」と「手法」に分けて、それぞれのやり方をきちんと身に付ければ、ヒット率は確実に上がります。

「PRの新たな定義を打ち立てる」というような、大それたことを考えているわけではありません。ただ、長年PRのプロフェッショナルとして様々な企業や組織、団体のサポートをしてきた中で、**PRを「思考」と「手法」に分けて考えれば、PRの定義の不一致による「コミュニケーショントラブル」が一気に解決される**ことに、私たちは気づきました。PRを「思考」と「手法」に分けるだけで、実はPRをすごくシンプルに考えることができます。この本では、それをぜひ共有したいと思います。

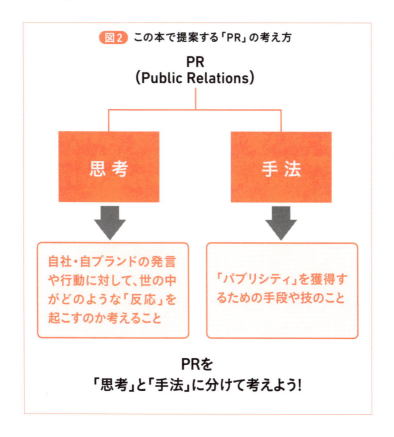

図2 この本で提案する「PR」の考え方

> INTRODUCTION 「PR思考」で明日から仕事が変わる!

No. 03

PR「手法」って何?

　世の中には「PR」に関する本がたくさんありますが、その多くは企業の「広報担当者」向けに書かれたものと言っていいでしょう。その中身も、報道機関などメディアへの対応(メディア関係者との付き合い方、ニュースリリース、記者発表会のノウハウなど)が多くを占めていたように思います。

　その理由は、つい最近まで日本では「パブリシティ」こそがPRの主たる内容で、広報担当者はその「手法」を究めるべし、と思われてきたからです。

　もちろん、パブリシティが、PRにおけるベーシック活動として重宝されていることは間違いありません。そこで、この本では**「パブリシティを獲得するための手段や技」**を「PR手法」と定義します(ただし、デジタル時代の今はPR手法が指す意味も拡張しています。その詳細は第7章で解説します)。

　繰り返しになりますが、パブリシティの獲得はPR活動を支える基本であり、そのスキルやテクニックを磨くことは重要です。

　でも、少しだけ考えてみて下さい。いくら凄腕の料理人でも、「料理の素材」がいまいちだったら、完成させる料理のおいしさに限界があると思いませんか?逆に、良い素材をそろえることができたら、同じ料理を作る場合も腕の振るい甲斐がありますよね(図3)。

　料理人は、料理以前に「良い素材をそろえること」も仕事のうちです。そして良い素材がなければ、**素材をゼロから作る・育てる**ことも求められるのです。そして、その「素材を作る・育てる」という過程において、PRのもう1つの側面、「PR思考」が欠かせないのです。

図3 PR手法

PR手法
=
「パブリシティ」を獲得するための手段や技

※パブリシティ=企業や団体が、経営施策や商品・サービスといった情報をメディアに提供することで、ニュースとして掲載・放送されること

News(ニュース)

新ビール発売
○○株式会社は、※※を使った新しいビールを●月●から発売する

パブリシティ(報道スペース)

- 記者が客観性に基づいて掲載・放送
- 報道するかどうかはメディアが判断

広告出稿(広告スペース)

- 広告主が主観的な表現でスペースを使用
- 広告主が指定した日時・サイズで確実に掲載される

キレ味 コク豊か

AD(広告)

PR手法(パブリシティを獲得するための手段や技)を究めることは大事だが、それを活かすには「PR思考」が欠かせない!

> INTRODUCTION 「PR思考」で明日から仕事が変わる！

No. 04

PR「思考」って何？

　「PR手法」を究めることはとても大切ですが、そもそも「PR思考」がないと、良い素材をそろえたり、素材をゼロから作る・育てることが難しく、究めた腕の振るい甲斐がないということをお話ししました。

　ここからが本題です。では、この本が言う「PR思考」とは一体何なのでしょう。

　「PR思考」とは、企業や団体、つまり「**自社・自ブランドが、自身の発言や行動に対して世の中がどのような反応を起こすかを考えること**」です（と、この本では定義します）。

　総務省の統計によると「99.996％」の情報がスルーされる超情報飽和社会の現在、スルーされないようにするためにもPR思考が重要です。「**反応を起こすことを考えること＝スルーされないこと**」を考える、だからです。「世の中の反応」には、「ポジティブな反応」と「ネガティブな反応」がありますが、もちろん「PR思考」で目指すべきは、「できるだけネガティブな反応を起こさないよう配慮し、世の中の多くの人にポジティブに反応してもらうこと」です。

　ここで言う「反応」とは、生活者で言えば、「買いたくなる」「行きたくなる」「調べたくなる」「誰かに薦めたくなる（リアルな口コミ、ソーシャルメディアでのシェア）」などの「リアクション」のことを指します。メディアで言えば、わかりやすく「報道したくなること」を指しています（図4）。

　世の中の多くの人に、「ポジティブ」に反応してもらうにはどうしたらいいのか。それを考える際は、「**メディアとソーシャルメディアのリアクション**」を指標にすると、発想しやすいでしょう。

図4 PR思考

PR思考
＝
「自社・自ブランド」の発言や行動に対して、「世の中」が
どのような **「反応」** を起こすかを考えること

↓

ネガティブな反応を起こさないよう配慮し、
多くの人にポジティブに反応してもらうことを目指す！

（例）
生活者の反応
・買いたくなる ・行きたくなる ・調べたくなる
・誰かに薦めたくなる（リアルな口コミ、ソーシャルメディアでのシェア）

メディアの反応
報道したくなる

↓

「メディアとソーシャルメディアのリアクション」を
指標にすると考えやすい！

この商品、サービス、企業活動を、世の中はどう捉えるか？ どうつぶやくか？ どうニュース化されるか？

それを逆算し、世の中がポジティブに反応する「ネタ元」になるにはどうしたらいいかと考えて、全てを設計していく！

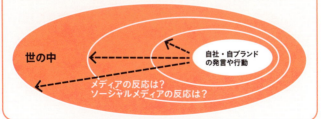

> INTRODUCTION 「PR思考」で明日から仕事が変わる!

◎「PR思考」は全てのビジネスパーソンに必須!

　「PR思考」を身に付ければ、明日から、いや今日からでも、あなたの仕事が変わります。

　「PR思考」に基づいて考えれば、あなたの商品・サービスのターゲット層が抱えている課題や悩みの解決につながります。そして、日々のアイデアの1つ1つが、自分以外の周りの人（第三者）を「巻き込む」力や「合意を形成する」力を持つでしょう。それによって、そのアイデアは実現させやすく、またより良いものに成長しやすくなると思います。

　つまり、この「PR思考」は、広報担当者だけでなく、全てのビジネスパーソンに必須の「考え方」なのです。

◎ PR思考は「PR手法の実行」にも役立つ!

　……ここまでの説明を読んで、「広報担当の実務に役立つ本ではないのかな?」と思って、この本を棚に戻そうと思ったあなた、ちょっとお待ち下さい!

　「PR思考」があれば、前節で紹介した**「PR手法」（パブリシティを獲得するための手段や技）の計画や実行も、間違いなくスムーズに進みます**。この本は、PRに関心のあるみなさん全員にとって役立つ本です。

　いわゆる広報担当の人も、そうでない人も、ぜひそのまま読み進めて下さい。全て読み終わったら、「この本を読んでよかった!」と思えるはずです。

CHAPTER

1

PRって何だろう？
~押さえておきたいPRの歴史社会学~

01　PRの「本質」を知ろう！
02　近代的PRが始まったのは米国鉄道会社から！
03　PR＝パブリシティの時代に突入！
04　パブリック・リレーションズへの進化
05　PRは「LOVE ME」！
06　関係構築にはともに汗をかく「共汗」が大事！

> CHAPTER 1　PRって何だろう？〜押さえておきたいPRの歴史社会学〜

No. 01　PRの「本質」を知ろう！

　イントロダクションで、PRは「思考」と「手法」に分けて考えるべきだ、とお話ししました（P.12参照）。「PRの役割や範囲」は、誕生から今に至るまで、様々に変容しています。それがPRを定義することを難しくしているため、「思考」と「手法」の2つに分けて考えたほうが、誤解が少なくて済むのです。

　とはいえ、**PRの「本質」を理解するには、きちんとした定義を把握しておく必要もある**でしょう。図1に、2012年に米国PR協会（PRSA：Public Relations Society of America）が正式発表した「現代におけるPRの定義」と、米国のPR教科書として最も読まれてきた『Effective Public Relations』（邦題『体系 パブリック・リレーションズ』）が示した定義を紹介するので参考にして下さい（電通パブリックリレーションズによる「パブリック」の概念も付記しています）。

　では、このようなPRの定義がなされるまでには、どのような歴史背景があったのでしょうか。

　それを知るのにふさわしい本の1つが、東京大学大学院の河炅珍（ハ・キョンジン）先生の著書『パブリック・リレーションズの歴史社会学—アメリカと日本における＜企業自我＞の構築』（岩波書店）です。広告やマーケティング、ジャーナリズム論などに比べると、体系だったPRの研究はまだまだ少ないのですが、この本にはPRの誕生・発展の軌跡が歴史的、理論的にまとめられています。

　そこで本章では、河先生の著書の内容から、さらに筆者のPR実務の経験を踏まえて、「今こそ押さえておきたい」ポイントをギュッと凝縮して紹介していきます。

図1 「PR」の定義

米国PR協会によるPRの定義

"Public relations is a strategic communication process that builds mutually beneficial relationships between organizations and their publics."

<訳>
パブリックリレーションズとは、組織と組織を取り巻くパブリックの間の、相互に利益のある関係を築く戦略的コミュニケーションのプロセスである。

『Effective Public Relations』によるPRの定義

"Public relations is the management function that establishes and maintains mutually beneficial relationships between an organization and the publics on whom its success or failure depends."

<訳>
パブリック・リレーションズとは、組織体とその存続を左右するパブリックとの間に、相互に利益をもたらす関係性を構築し、維持するマネジメント機能である。

パブリックとは……

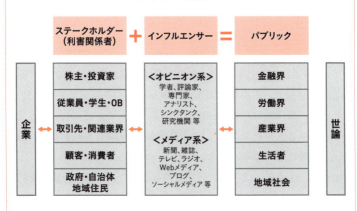

「ステークホルダー・インフルエンサー・マトリクス」
(電通パブリックリレーションズ 黒田 明彦が作成)

> CHAPTER 1　PRって何だろう？　〜押さえておきたいPRの歴史社会学〜

No. 02　[米国におけるPRの歴史社会学①]

近代的PRが始まったのは米国鉄道会社から！

● 米国におけるPRの幕開け

　PRは19世紀末から20世紀初頭にかけて米国で成立し、第2次世界大戦後に世界に普及したとされています。

　近代的PRにいち早く取り組んだのは、実は社会インフラである「鉄道会社」です。鉄道会社は、都市と都市、都市と郊外をつなぎ、米国人の生活と価値観を劇的に変化させました。その一大事業の推進に伴い、多様な分野の労働者・従業員を「同じ組織の構成員」として管理し、組織として調和していく必要が出てきます。つまり、**社会的な合意形成**が必要になります。そこで活躍したのが「**PRの力**」でした。

● 鉄道会社が行った巧みなPR

　鉄道会社は、「組織としての調和」を図るために、労働者・従業員向けにPR雑誌を刊行します。また、事業を拡大するうえで経済的支援を得る必要や、政治的、法律的問題を解決する必要があったため、議会や政府機関向けのロビー活動も展開しました。さらに、沿線住民を中心とする人々に対して、「**鉄道事業は公的利益に貢献する**」と訴えかける活動にも取り組みます。

　加えて、鉄道各社は世論の好感を得るために、社会的影響力を持つ政治家や聖職者、大学関係者、記者などを味方につけようとしました。鉄道を無料で使えるパスを発行し、彼らの遊説や、布教・伝道、研究・教育、取材活動を支援したのです。

　それらの活動が功を奏し、鉄道会社の経営者と懇意の政治家や文筆

家らが、ことあるごとに演説や寄稿を通して「鉄道事業の重要性」を説き、ビジネスとしてではなく「友人」として鉄道会社の経営を支援しました。このように、企業として経営を成り立たせるために「PR」を活動の根幹に取り入れ、様々な取り組みを包括的に展開した点は、まさに「**近代的PRの原点**」と言えるでしょう（図2）。

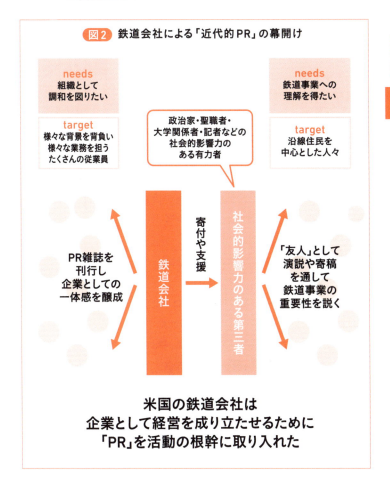

図2 鉄道会社による「近代的PR」の幕開け

> CHAPTER 1　PRって何だろう？　〜押さえておきたいPRの歴史社会学〜

No. 03

[米国におけるPRの歴史社会学②]

PR＝パブリシティの時代に突入！

◉ メディアの発達とパブリシティの確立

　19世紀末から20世紀初頭にかけて、米国社会は、新聞や雑誌を中心とする情報社会になりました。印刷技術の発達で新聞が廉価になったことで、新聞各社が販売部数を伸ばそうと競い合います。

　結果として、多くの人の興味を引くような「センセーショナルな事件の報道」に焦点が当たるようになりました。こうしたメディアの発展とともに、「企業コミュニケーションのあり方」も大きく変化します。

　まず、メディアの台頭に目を付けたのは「社会改革家」たちです。産業化がもたらした様々な社会問題を解決していくうえで、人々にわかりやすくその内容を説明し、正しい情報を流布するには、「ニュース」としてその問題がメディアに取り上げられることが早道だ、と考えたのです。

　この流れを受け、攻撃的な報道と批判的な世論に対峙することになった「企業」は、敵と同じ手法を逆利用するようになります。人々の「知りたい」という強い欲求に応え、記者の自由な取材を許可し、報道する側が欲しがる情報を進んで提供することで、「ニュース」として企業の意見を広めるようになったのです。つまり「ニュース化」により、一企業の話ではなく、「社会ごと」になるよう図ったのです。こうして、「パブリシティ」は企業のコミュニケーション手段として確立し、それを担う人たちの「ビジネス」となりました。

　企業のパブリシティ活動は、ジャーナリスト出身者たちによって支

えられましたが、その代表格が「アイヴィ・リー」という新聞記者出身の人物で、彼は「**PRの創始者**」と言われています。

リーは、1904年、同じく新聞記者出身のジョージ・パーカーと一緒に、米国初のPR会社とされる「パーカー・アンド・リー社」を設立し、「パブリシティ」をPRの革新的技術として確立しました。また、リーは「人々の心を知ることは企業経営に欠かせない」として心理学をも学び、「**人々の心を捉えるには、パブリシティが有効だ**」と各社に売り込んだと言われています。

こうして、「パブリシティ」は本格的にビジネスとして専門化し、「**PRする行為そのもの**」を指す言葉となっていくのです（図3）。

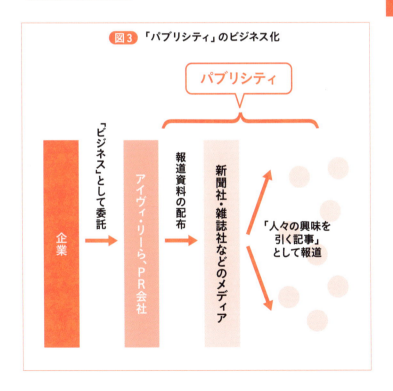

図3 「パブリシティ」のビジネス化

> CHAPTER 1　PRって何だろう？　〜押さえておきたいPRの歴史社会学〜

No.
04

［米国におけるPRの歴史社会学③］

パブリック・リレーションズへの進化

　リーラの活躍で、PRする行為＝「パブリシティ」と捉えられていたのですが、第一次世界大戦後、1920年代に入ると、**「パブリック・リレーションズ」**という言葉が使われるようになります。のちに「広報の父」と言われるエドワード・バーネイズらによって、「パブリシティ」の範疇を超えた、幅広い活動が展開され始めるのです。

　「パブリシティ」が、報道資料の配布に特化していたのに対し、バーネイズは、メディアが自発的に取材に来るような話題性の高いイベントを実施したり、各分野の著名人、専門家などをキャスティングして巻き込んだりする施策を実施します。

● 若い女性が喫煙しながら行進？

　バーネイズが手がけた有名な事例は、アメリカン・タバコ社の「ラッキーストライク」のPRキャンペーンです。彼は、すでに成熟した男性喫煙者の市場を攻めるのでなく、「女性喫煙者」をターゲットにしました。当時、公共の場における女性の喫煙は禁じられていましたが、バーネイズは喫煙の自由を女性の権利の伸張に結びつけ、若い女性たちが喫煙しながらマンハッタンの5番街を行進するなどのイベントを仕掛けることで、大きな議論を巻き起こします。

　人々の思考を変えていくべく様々な仕掛けをし、ラッキーストライクという個別商品の「消費」を促すのではなく、**「喫煙行為に対する社会と人々の認識」を定義／再定義することで、結果として消費に結びつけた**のです。

　こうして、PRする行為は「パブリシティ」の範疇を超え、「パブ

リック・リレーションズ」という言葉を通じて示されるようになり、新しい思考、さらに「**それを受け入れる人と社会を形成する技術**」を指すようになるのです。

こうしたバーネイズの成功例などを背景に、パブリック・リレーションズは「有用な企業コミュニケーション」として注目されるようになります。また、消費社会が進むにつれ、「**マーケティングの技術**」として認識されるようになっていきました。

その後、PRする行為は、第二次世界大戦を経てプロパガンダに統合されたり、大量消費社会が到来すると「広告」に付随したりと、社会と企業の関係性やメディアの形態変化に伴い、様々にその軸を変えながら存在し続け、今に至ります。

そして、図4が示すように、時代とともにコミュニケーションの中心はジャーナリズムから広告へ、そしてパブリック・リレーションズへと移動していくのです。

図4 社会と企業を巡るコミュニケーションの変化

『パブリック・リレーションズの歴史社会学 ―アメリカと日本における＜企業自我＞の構築』
（岩波書店・2017年・P.45）

> CHAPTER 1　PRって何だろう？　〜押さえておきたいPRの歴史社会学〜

No. 05

PRは「LOVE ME」!

　ここまで、PRの誕生から発展までを紐解いていきましたが、その歴史においても、PRの役割や範囲は様々に変容してきたことがわかると思います。いまだに「PR」の認識が人によって異なるのも、わからない話ではないのです。特にPRと広告、そしてプロパガンダは混同して捉えられがちです。しかし、企業（コミュニケーション主体：私）と、それを取り巻く人々（他者：あなた）との関係性で言うと、この3つには明確な違いがあります。そこで、P.20で紹介した『パブリック・リレーションズの歴史社会学―アメリカと日本における＜自我の構築＞』の解説を引用しつつ、この3つの違いを「語りの構造」でわかりやすく説明しましょう。

○ 広告は「BUY ME」
　広告表現の最も単純化されたメッセージ例は次の通りです。
私（商品やサービス）を買って下さい。私を買うことによってあなたは、より魅力的になります（前掲書 P.58）
　このように、広告の語りは基本的には「BUY ME」の構図を取っていて、「私」と「あなた」の関係は、商品・サービスの購買や消費という行為を通じてのみ成立します。つまり「条件付きの関係」です。

○ プロパガンダは「OBEY ME」
　プロパガンダのメッセージは、次の通りです。
私（国家や指導者）はどのような場合においても正しいため、あなたは私の言葉を信じ、私に従いなさい。私に逆らう場合は、徹底的に叩

き潰します (前掲書 P.60)

「私」と「あなた」の関係は不平等で、ある種の脅迫関係ですらあります。

○ PRは「LOVE ME」

前出の2つに対して、PRにおける「私」と「あなた」の関係は、平等で無条件的です。

私(当社)は、○○○の活動に誰も興味を示さなかった時代から、その重要性を確信し、長年懸命に取り組んできました。あなたの家族として、そばにいる友だちとして、または地域社会の一員として、この試みをこれからも続けていくことが、私の望みです (前掲書 P.61)

このように、PRらしいメッセージでは、関係性の決め手は「あなた」に委ねられています。「私(企業)」がしたい唯一のことは、「あなた(従業員、地域住民、顧客、株主など)」を親しみ愛していることを伝え、**「私」と「あなた」は友だちであることを知ってもらいたい**、それだけなのです。その関係の証は、相手の「行動」でなく、**「感情」**や**「態度」**で把握することができます。

いかがでしょう。このように考えると、PRと広告、そしてプロパガンダの違いが理解できるのではないでしょうか(図5)。

図5 PR、広告、プロパガンダの関係性の違い

	私(主体)	あなた(他者)	語りの構造
プロパガンダ	国家	国民	OBEY ME
広告	企業	消費者	BUY ME
PR	企業	消費者を含む、周りの人々	LOVE ME

「私」の「あなた」に対する強制力の度合 ↓

『パブリック・リレーションズの歴史社会学——アメリカと日本における<企業自我>の構築』
(岩波書店・2017年・P.350)

> CHAPTER 1　PRって何だろう？〜押さえておきたいPRの歴史社会学〜

No. 06　関係構築には「共汗（きょうかん）」が大事！

　ここまでのお話を総括すると、本来PRとは、「私」と、友人である「あなた」との関係性を、より深めることだと理解できます。これを実際の人間関係に置きかえてみましょう。

● 友人とさらに仲良くなるポイントは？

　友人同士の絆をより深めるには、どういう過程が必要だと思いますか？それは、「**一緒に汗をかくこと**」だと筆者は思います。

　例えば、受験や部活の練習などに一緒に取り組み、ともに乗り越えた友人との絆は、以前よりもずっと深くなっていると思いませんか？あるいは友人と一緒に、時間をかけて好きなミュージシャンのコンサートに行くと、より絆が深まると思います。

　「同じ釜の飯を食う」という慣用句があるように、毎日を一緒に過ごす中で、苦しいことや楽しいことをともに感じ、経験することで、絆は深まるものなのです。

　つまり、一緒に「問題」を乗り越えたり、「関心」を高め合ったりする「**共汗（きょうかん：共に汗をかく）**」が大切だということです。これは、企業の場合も同じです（図6）。

　第2章で詳しくお話ししますが、企業は、世の中のあらゆるコミュニティや属性と「**関心**」または「**問題**」を通じてのみ、「関係」を築いていくことができます。

　その絆を深め、より良い関係を築くには、世の中と一緒に「汗」をかき、「同じ思い」を共有することが大切です。それがPRの特色であり、PRを通して関係を構築する前提になっているのです。

図6　PRにおける関係構築のイメージ

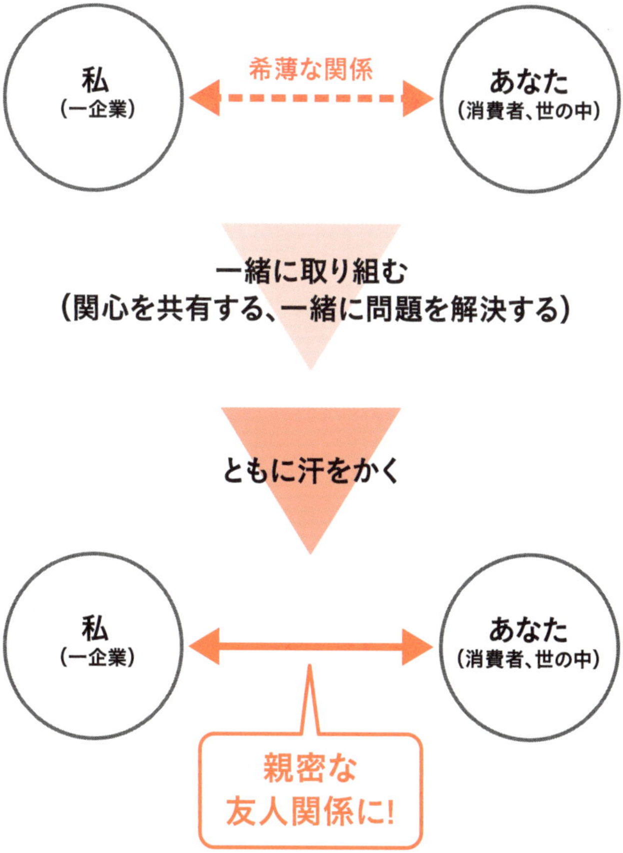

私（一企業） ←- - 希薄な関係 - -→ あなた（消費者、世の中）

▼ 一緒に取り組む
（関心を共有する、一緒に問題を解決する）

▼ ともに汗をかく

私（一企業） ←→ あなた（消費者、世の中）

親密な友人関係に!

PRは人間関係と同じ。
ともに汗をかく「共汗(きょうかん)」が
企業と消費者、世の中との絆を深める!

> CHAPTER 1　PRって何だろう？　〜押さえておきたいPRの歴史社会学〜

COLUMN　マーケティングとPRが近づいた!?

　かつてのマーケティングでは、「作ったものをどうするか」「必要とされるものをどう作るか」が重要視されていました。しかし「現代マーケティングの第一人者」と呼ばれるフィリップ・コトラーが2010年に提唱した「マーケティング3.0」では、マーケティングの目的は「世界をよりよい場所にすること」だと提言しています。さらに、単に目の前の消費者だけが顧客なのではなく、「マインドとハートと精神を持つ全人的存在」が顧客であり、企業はその全てに対してアプローチしなければならないと説かれています。それには、「ビジネスそのものが社会にどう関わっていくか」を考えることが重要になります。社会の成熟に伴うマーケティングの進化とともに、社会（他者）ありきで企業の存在価値を構築する「PR」と「マーケティング」が近しい存在になるのは、必然と言えるのかもしれません。

マーケティング1.0、2.0、3.0の比較

	マーケティング1.0	マーケティング2.0	マーケティング3.0
	製品中心の マーケティング	消費者志向の マーケティング	価値主導の マーケティング
目的	製品を 販売すること	消費者を満足させ、 つなぎとめること	世界をよりよい 場所にすること
市場に対する 企業の見方	物質的ニーズを 持つマス購買者	マインドとハートを 持つ、より洗練 された消費者	マインドとハートと 精神を持つ 全人的存在
主な マーケティング・ コンセプト	製品開発	差別化	価値
企業の マーケティング・ ガイドライン	製品の説明	企業と製品の ポジショニング	企業のミッション、 ビジョン、価値
価値提案	機能的価値	機能的・ 感情的価値	機能的・感情的・ 精神的価値

『コトラーのマーケティング3.0 ソーシャル・メディア時代の新法則』
（朝日新聞出版・2010年・P.15）

CHAPTER

2

PR思考に必要なメソッド①
エクリプスモデル

01 相手から「どう思われているか」を把握しよう!
02 探すべきは「関心」か「問題」!
03 SWOTを変換して考えよう!
04 「私」と世の中をつなげる「エクリプスモデル」を使おう! ～水族館の例～
05 「どう思われているか」はマルチ・エゴサーチで調べよう!
06 エゴサーチのチェックリスト
07 チェック結果に基づいた「関心」「問題」の探し方
08 その「関心」「問題」は本当に「取り組むべきこと」か?

> CHAPTER 2　PR思考に必要なメソッド①　エクリプスモデル

No. 01 相手から「どう思われているか」を把握しよう!

● 同じことをやってるのに反応が違う?

「PR思考」とは何なのか？また第1章で説明した「LOVE ME」の関係になるにはどうしたらいいのか？改めて紐解いていきましょう。

PR思考とは、「企業や団体、つまり私（自社・自ブランド）の発言や行動に対して、世の中がどのような反応を起こすかを考えること」でした。どのような反応をするかを考える際は、「私（自社・自ブランド）」が、**「世の中からどう思われているのか」**を事前に把握しておく必要があります。と言うのも、**どう思われているかによって、相手の反応は変わる**からです。

例えば、普段からソーシャルメディアの公式アカウントでユニークな投稿を連発している企業が、人気映画の地上波放映に合わせて映画の「決め台詞」をつぶやいたら、きっと「面白い！」「さすが！」と好意的に受け取られることでしょう。一方で、普段硬すぎる投稿しかしたことがない企業の公式アカウントが同じことをしたら、果たしてソーシャルメディア上で同じ反応を得られるでしょうか。

同様に、例えば株価の上下が日本全体のマーケットに影響を与えるほどの巨大企業が満を持して新商品を発売した場合と、まだまだ海の物とも山の物とも知れないスタートアップ企業が新商品を発売した場合とでは、**メディアの反応は当然異なる**はずです。

このように、PR思考で何かを考えるときは、まず「私（自社・自ブランド）」が、コミュニケーションを取りたい相手から「どう思われているのか」を的確に把握する必要があるのです（図1）。

図1 「相手にどう思われているか」を把握する

PR思考
=
「私（自社・自ブランド）」の発言や行動に対して、
「世の中」がどのような **「反応」** を起こすかを考えること

相手の反応は、相手に「どう思われているか」によって違う。
自分のイメージを的確に把握することが重要！

No. 02 探すべきは「関心」か「問題」!

「私(自社・自ブランド)」が、コミュニケーションを取りたい相手から「どう思われているのか」を把握するにあたり、整理しておきたいことがあります。それは「世の中について」です。

改めて考えてみると、「世の中」には、大小のコミュニティや様々な属性が、お互いに関わり合って存在していますよね。そして「企業」もその一員です。企業が「法人」とも呼ばれるように、世の中から見たら1人の「人」として捉えられるのです。

では、世の中において企業は、コミュニティや属性とどのように関わり合っているのでしょうか。筆者は、**企業と世の中との関わり合い方は、大別して2種類しかない**と考えています。それは「**関心**」または「**問題**」です。企業は、あらゆるコミュニティや属性と「関心」または「問題」を通じてのみ、その「関係」を築いているのです(図2)。ですから、企業がコミュニティや属性と、より良い・より強固な関係を築くには、共通の「関心」を高めるか、自分とも関係している世の中の「問題」を解決するほかありません。

●「私」と「世の中」の接点を探せ!

「関心」が高まるか、「問題」が解決すれば、世の中はそれに対して何かしらの「好反応」を示します。その一例が、"他の誰かにそのことをシェアしたり、メディアが報道したりするということ"です。

逆に「関心」を奪ってしまえば、世の中は「無反応」になってしまいますし、「問題」をそのままにして、それが表面化すれば「悪い反応」が出てしまいます。企業としては、それは何としても避けたいと

ころですよね。

　すなわち、企業が「PRしたい」と思ったときにまずやるべきことは、パブリシティのスキルを身に付けることや、リリースの書き方を学ぶことではなく、「**私（自社・自ブランド）**」と「**世の中（コミュニティや属性）**」が、どのような「**関心**」「**問題**」でつながっているか、その「**接点**」を発見することです。「私」と「世の中（コミュニティや属性）」を常にセットにして考えることが、PR思考でアイデアを生み出すための基本となります。

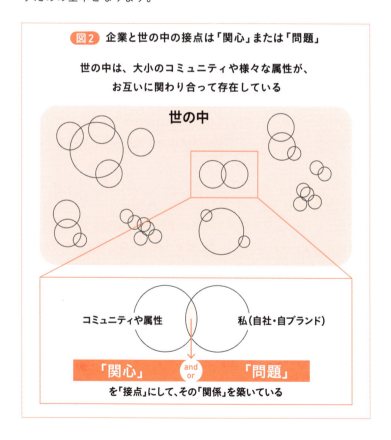

図2　企業と世の中の接点は「関心」または「問題」

世の中は、大小のコミュニティや様々な属性が、
お互いに関わり合って存在している

No. 03 SWOTを変換して考えよう!

　「私(自社・自ブランド)」と世の中(コミュニティや属性)が、どのような接点があるかを発見するには、まず「私」の「強み」「弱み」、そして「世の中(コミュニティや属性)」の「関心」「問題」を洗い出す必要があります。

　ピンと来た人もいるかもしれませんが、これは企業や事業の戦略策定や、マーケティング戦略を検証するための有名な分析のフレームワーク「SWOT分析」に着想を得ています。SWOTは、「Strength(強み)」「Weakness(弱み)」「Opportunity(機会)」「Threat(脅威)」の頭文字を取って名付けられているのですが、本書では次のように変換して捉えています(図3)。すでにSWOTをご存知の方もぜひご一読下さい。

○ S(自負)

　「S」は「強み」→「**自負**」。自分の才能などに自信や誇りを持つという意味です。マーケティング思考で「自社・自サービスの『強み』を書き出して下さい」と言われると、「圧倒的に優位な点や経営的に優れている点を挙げないとダメなのでは」と身構えてしまいがちです。

　しかし、PR思考ではそうとも限りません。目的は、世の中と「私」との接点を見つけ出すことです。世の中の抱える「関心」や「問題」は大小様々ですから、**「私」の側にも大小様々ないいところがあっていい**のです。「私」の特長はもちろん、業界全体やもっと広いカテゴリーまで広げ、少しでも「ここは『いいところ』だな」と誇れる点があったら、どんどん書き出すことが重要です。

○ W（自虐）

「W」は「弱み」→「自虐」。「弱み」と言い切ってしまうと、自己愛が邪魔をして言い出せないこともあるでしょう。

でも、想像してみて下さい。「完全無欠の人」と心から打ち解けられるでしょうか。弱みを見せ合うから、親近感を覚えて仲良くなれるということもありますよね。自分の弱みが、相手にとっても弱みのこともあります。その弱みを一緒に克服したり、乗り越えることで、特別な存在になれることもあるのです。

だから、思い切って「私」をさらけ出してみましょう。**自分で自分の「揚げ足を取る」**くらいの気持ちでもOKです。

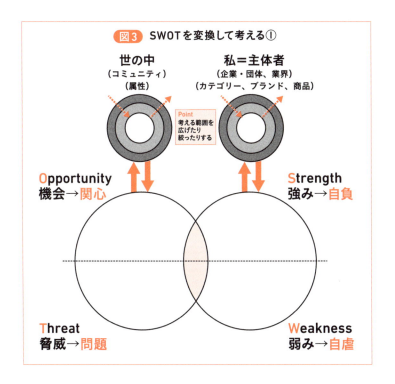

> CHAPTER 2　PR思考に必要なメソッド①　エクリプスモデル

○ O（関心）

　「O」は「機会」→「**関心**」。「私」が高めることができそうな、世の中の「関心」は何か、ということです。

　「関心」は、ずっと長く持たれているものでもよいですし、例えば皆既日食のように、「今日、この日、この時間」に最も高まるような**局地的なものでもOK**です。

○ T（問題）

　「T」は「脅威」→「**問題**」。「私」が解決できそうな、世の中の「問題」は何か、ということです。社会問題と言われるような大きな問題でも構いませんし、些細な問題でもOKです。深刻度に捉われずに、どんどん書き出してみて下さい。

◎「関心」と「問題」を考えるコツ

　「O」と「T」、すなわち「関心」と「問題」の2つを挙げるときのポイントは、まず**「私」に関係あるなしに関わらずピックアップしてみる**ということです。

　最終的には「私」が高められそうな「関心」、解決できそうな「問題」を選び出すわけですが、最初に考える際は「こんな『関心』は私と関係ない」「こんな『問題』は私には難しすぎる」と決めつけないことが大切です。なぜなら、**「接点」は思わぬところに見つかるもの**だからです。

　ただし、大きすぎる関心や大きすぎる問題は、手の付けようがなくなるので、**なるべく具体的に書いてみる**ほうがいいでしょう。

　例えば「ダイエット」ではビッグワードすぎるので、ダイエットの中でも「糖質制限ダイエット」なのか「ダイエット体操」なのか「ダイエットフード」なのか、という具合に言葉をほどいていき、なるべく具体的に書いてみることが大切です。

また、「関心」と「問題」は、実は表裏一体の部分もあります。捉え方によっては「関心」が「問題」にもなり得るのです。そういう場合は、「あとで発想しやすいほう」を選択すればよいので、両方に書いておきましょう。

　具体的に「自負」「自虐」「関心」「問題」までを書き出すことができたら、次はどの「関心」「問題」なら「私」と「接点」を持つことができそうかを考えます（図4）。

　では、次節で具体的な事例を見ていきましょう。

> CHAPTER 2　PR思考に必要なメソッド①　エクリプスモデル

No.
04　「私」と世の中をつなげる「エクリプスモデル」を使おう！
〜水族館の例〜

　「自負」「自虐」「関心」「問題」を考え、そこから「私」との「接点」を考えていくアプローチを、架空の事例で考えてみましょう。

　「イザネモ水族館」という水族館があるとします。そこそこ人気の生物がいて、ショーやイベントもまずまず人気。でも最近は賑わいに陰りが見えつつあり、何らかのテコ入れが必要な状況です。

　では、さっそく「自負」「自虐」「関心」「問題」を考えてみましょう。図5は、イザネモ水族館の「自負」「自虐」を書き出した例です。「自負」は、「外部から見た魅力」を書き出すだけでなく、例えば「社内の風通しがよく、職員の企画が通りやすい」のような、**「内部から見た良いところ」**も書くと発想が広がりやすくなります。これは「自虐」にも同じことが言えます。

　また、イザネモ水族館という「私」だけに限定せず、水族館、つまり**「私」が所属する業界全体やカテゴリー全体に視野を広げて書き出す**のもとても有用です。今回の例で言えば、「1日中（昼夜を問わず）同じように世話をしているのに、夕方以降は誰も見ていない」というのは、どの水族館にも共通して当てはまる「自虐」だと思います。

● その「自負」、わかりやすいですか？

　ともすると担当者は、「私」に詳しすぎるあまり、**ものすごい細かな「私」の特長や競合との差異**に目がいきがちです。例えば、「業界で唯一、○△技術を使った特殊エコ容器を使っている」など。しかし、残念ながら世の中は、そんな細かなことに気づいてはくれません。同じことを書くなら、せめて「○△技術を使った特殊エコ容器を使っているの

で、女性でも片手でつぶせる」と、「もたらす効果」まで書けば、世の中にわかりやすい「自負」になるでしょう。

このように、商品やサービスの細かすぎるスペックを書き連ねるよりも、**「世の中にわかりやすく表現したらどうなるか」**を意識して書いてみましょう。また、業界全体の「自負」や「自虐」のほうが、世の中に理解されやすいことは多々あります。常に「私」の1つ上のカテゴリー、さらに上のカテゴリーは何だろうと考えながら、書き出すようにしましょう。

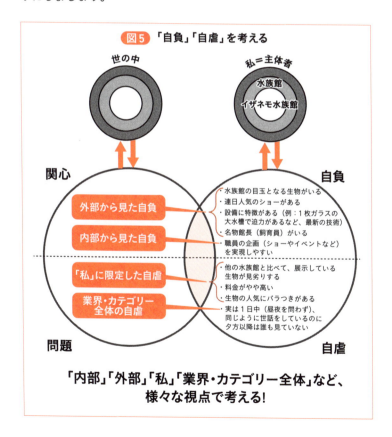

◉「関心」「問題」の書き出し方

次に、「世の中」の「関心」「問題」を書き出します。ここでまず問われるのが、**「どんなコミュニティや属性をコミュニケーション相手に選ぶか」**という点です。かなり範囲を絞って、具体的に書いてみたほうがいいと思います。

今回のケースでは、普段からイザネモ水族館には「親子連れのお客様が多い」とし、「子を持つ親」と対象を設定します。ただ、これでもまだ範囲が広いので、子どもは「小学生」と限定し、さらに期間は「夏休み」と限定しました。

このように、コミュニケーション相手の条件を絞り込めば、「関心」や「問題」が浮かび上がりやすくなるのでオススメです。

図6は、小学生を持つ親が、夏休みに抱きそうな「関心」や「問題」を挙げた例です。書き出す際のポイントは、**「関心」や「問題」のサイズにかかわらず挙げる**ということです。

◉「問題」「関心」との「接点」を探すには?

では、たくさん挙げた「関心」「問題」の中から、最終的に自分と「接点」があるものをどうやって見つければよいのでしょう。

「関心」「問題」の各項目と、「自負」「自虐」で挙げた各項目と照らし合わせ、マッチングしてみましょう。「この『関心』はこの『自負』と相性が良さそう」「この『問題』はこの『自虐』と相性が良さそう」と、可能性がありそうなものを結び付けていって下さい(複数あってOKです)。この作業によって「接点」が見えてきたら、図6の下部のように、「私は○○という関心をより強める存在になりたい」「私は○○という問題を解決する存在になりたい」の「○○」の部分まで考えてみましょう。

高めたい「関心」、解決したい「問題」をピックアップできたら、ア

図6　「関心」「問題」との「接点」を見つける

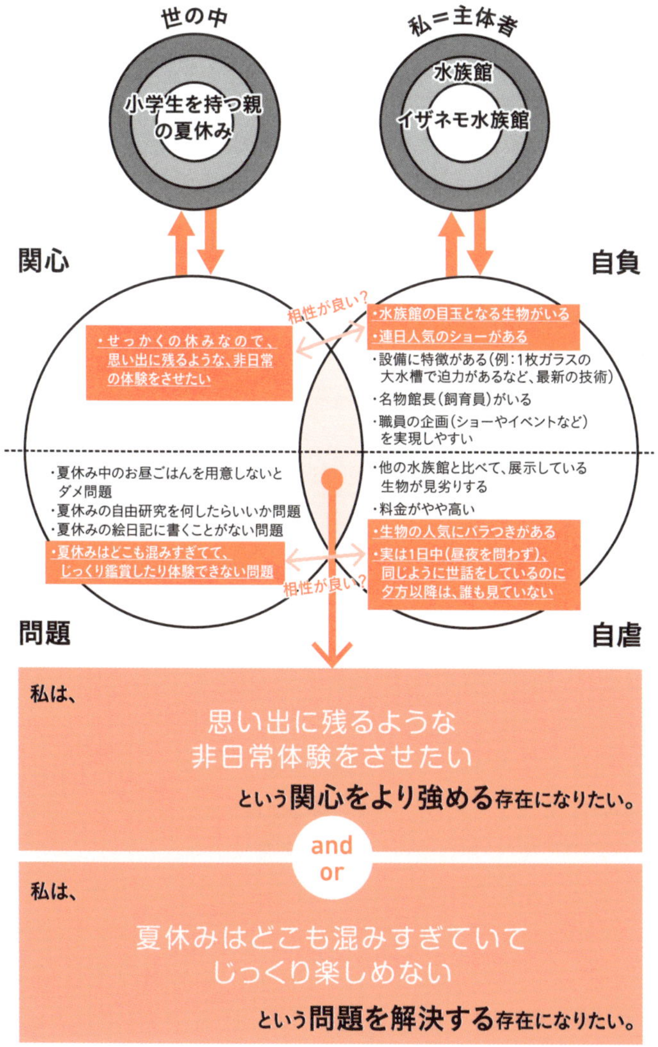

世の中　　　　　　私＝主体者

小学生を持つ親の夏休み　　　　水族館／イザネモ水族館

関心　　　　　　　　　　　　　　　**自負**

相性が良い？

- せっかくの休みなので、思い出に残るような、非日常の体験をさせたい

- 水族館の目玉となる生物がいる
- 連日人気のショーがある
・設備に特徴がある（例：1枚ガラスの大水槽で迫力があるなど、最新の技術）
・名物館長（飼育員）がいる
・職員の企画（ショーやイベントなど）を実現しやすい

・夏休み中のお昼ごはんを用意しないとダメ問題
・夏休みの自由研究を何したらいいか問題
・夏休みの絵日記に書くことがない問題
- 夏休みはどこも混みすぎてて、じっくり鑑賞したり体験できない問題

・他の水族館と比べて、展示している生物が見劣りする
・料金がやや高い
- 生物の人気にバラつきがある
- 実は1日中（昼夜を問わず）、同じように世話をしているのに夕方以降は、誰も見ていない

相性が良い？

問題　　　　　　　　　　　　　　　**自虐**

私は、

**思い出に残るような
非日常体験をさせたい**

という**関心をより強める**存在になりたい。

**and
or**

私は、

**夏休みはどこも混みすぎていて
じっくり楽しめない**

という**問題を解決する**存在になりたい。

> CHAPTER 2　PR思考に必要なメソッド①　エクリプスモデル

イデアが生まれるまでもうひと踏ん張りです。

　それぞれの関心・問題を解決するにあたり、「**どうしたらそうなるか**」を自由に考えてみて下さい。その後、「**新奇性**」「**実現性**」の視点で検証してみましょう。

　例えば、「思い出に残るような非日常体験をさせたい」という関心について、「どうしたらそうなるか」を考えたときに、目玉になる生物やショーを活用して、だと「いつも水族館でやっていること」と大差がありません。つまり「実現性」は高そうですが、「新奇性」がいま1つです。

　では、「夏休みはどこも混みすぎていてじっくり楽しめない」問題はどうでしょうか。

　こちらは何か解決策がありそうです。

　<u>図7</u>では、とりあえず3つのアイデアを書き出しています。「①待ち時間が楽しい」は、待つことを楽しみに変えるアイデアです。ディズニーランドなどでは、こういったアイデアがふんだんに盛り込まれていますよね。ということは、残念ながら新奇性はなさそうです。「②あえて混んでいない生き物のコーナーを案内する」も、このままでは新奇性がなさそうな気がします。

　では、「③絶対に混まない水族館」はどうでしょう。特に「ありえない時間帯に営業する」は?

　「ありえない時間帯」から「**早朝・深夜**」を連想し、さらに「**泊まってもいい!**」とまで考えられれば、何だか良さそうな気がしますよね。

　ここまで来たら、思いついたアイデアを文章で表してみるのが肝心です。このアイデアを世の中に公表するときのことを想像して、「発売」「発表」「誕生」「完成」「新」「見たことない」といった単語を付けて、アイデアを言語化しましょう。そして最後は、「**そのアイデアが何と呼ばれたらいいか**」を考え、短い言葉で愛称を付けてみて下さい。今回のケースなら、「**泊まれる水族館**」はどうでしょう。

……気づいた人もいたかもしれませんが、実はこの事例、2000年代初頭から始まって人気を集め、今や各地の水族館で定番イベントとなっている「泊まれる水族館」のアイデアです。「自負」「自虐」「関心」「問題」から世の中との「接点」を探れば、PRのアイデアに結び付くことが何となく理解できたのではないでしょうか。

　なお、このメソッドは、筆者がオリジナルで考案したもので、「**エクリプスモデル**」と名付けています（由来はP.58参照）。PR思考に基づいてアイデアを発想する際に、ぜひ使ってみて下さい（図8）。

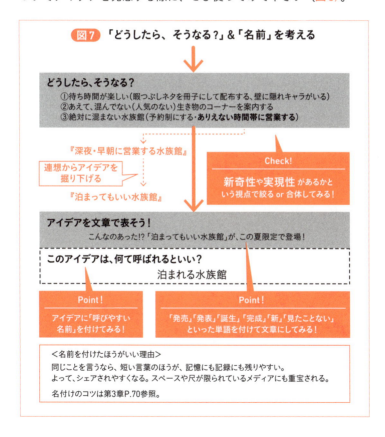

> CHAPTER 2　PR思考に必要なメソッド①　エクリプスモデル

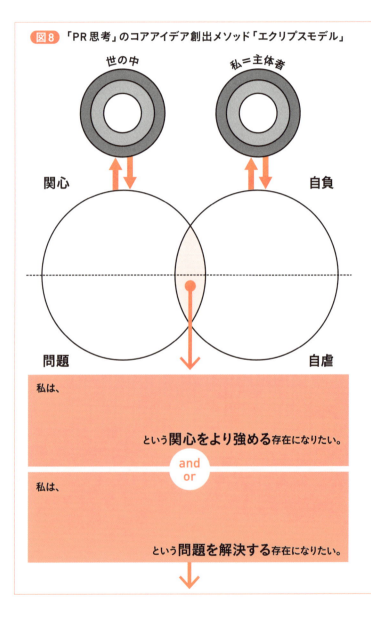

どうしたら、そうなる？

アイデアを文章で表そう！

このアイデアは、何て呼ばれるといい？

<エクリプスモデルの使い方>
①1人で考えても、チームで考えてもよい
②自負、自虐、関心、問題を出し合う際に、お互いの案を否定しない
③関心、問題との接点を見つけたら、アイデアを作り上げるところまでやってみる
④アイデアがうまく作り上げられない場合は、自負、自虐、関心、問題を出し合うところまで戻って、トライし直す
⑤自負、自虐から考え始めた場合は、逆、つまり、関心、問題からも発想してみる
　関心、問題から発想するほうが、これまで思いつかなかった革新的なアイデアを生むことがある

No. 05 「どう思われているか」はマルチ・エゴサーチで調べよう!

　本章の冒頭に、PR思考の最初のステップとして、「私」が、コミュニケーションを取りたい相手から「どう思われているのか」を的確に把握することが重要だということをお話ししました。

　では、「どう思われているか」は、どうやって調べればよいのでしょうか。従来は、利用者アンケートや自社への問い合わせ、メディア報道の分析などから、「どう思われているか」を確認するのが一般的でした。しかしデジタル時代の今だからこそ取れるアプローチもあります。それが「**エゴサーチ (エゴサ)**」です。エゴサーチとは、インターネットを使って自分自身について調べ、その評価を確認することです。誰でも一度くらいは、自分の名前をインターネット検索した経験があると思いますが、その方法は法「人」である企業にも有用です。

　ポイントは、**"マルチ" にエゴサすること**です (図9)。マルチにエゴサするとは、「Google検索 (=ググる)」に代表される検索エンジンによる検索だけでなく、Yahoo!知恵袋や掲示板にレビューサイト、TwitterやFacebook、Instagramなど、あらゆるコミュニティで「私」が「どう語られているか」を調べるということです。

　人は「接するコミュニティ」に応じて、自分のキャラクターを少しずつ変化させ、コミュニティごとに異なる印象を与えているものですが、それと同じように、**企業もコミュニティごとに、異なる印象を持たれている可能性が高い**です。「キャラクターを変えているつもりはない」という人も、ぜひやってみて下さい。コミュニティによって属する人の世代や文化が異なるので、自分で思っている以上に「語られ方」が多様であることがわかるはずです。

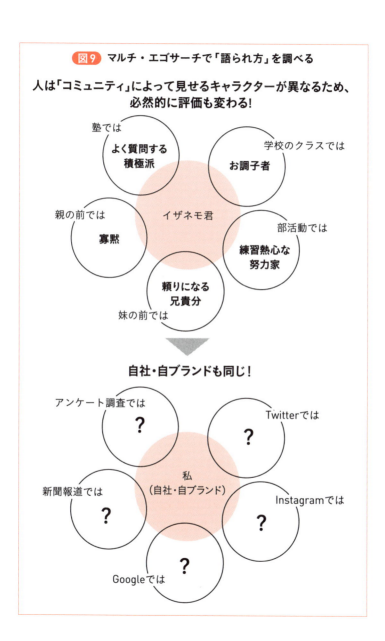

> CHAPTER 2　PR思考に必要なメソッド①　エクリプスモデル

No. 06 エゴサーチのチェックリスト

　マルチ・エゴサーチをした「結果」の捉え方を、チェックリストにしてみました（図10）。ぜひ参考にして下さい。

○ レベル1 誰も語っていない

　「誰も語っていない」というのは、オンライン上の該当コミュニティで**「存在していない」**のと同じです。このままではエゴサーチできないので、まず「私」のアカウントを作り、複数の切り口で投稿して、それに対する反応を見てみましょう。

○ レベル2 「私」の身内のみが語っている

　「『私』の身内のみが語っている」は、身内（社員や経営者）に「語る熱量」はあるものの、内輪だけで盛り上がっているという寂しい状況です。**「内輪ネタを外向けにするにはどうしたらいいか」**を考え、ネタを発掘しましょう。

○ レベル3 「私」のファンが語っている

　「『私』のファンが語っている」場合は、ファン（フォロワー）の中で「どういう語られ方をしているか」を正確に把握しましょう。ポジティブ・ネガティブだけでなく、面白いのか、先進的なのか、カワイイのか、イケてるのか、可哀そうなのか……。どういう枕詞で評価されているかを知ることが重要です。また、その語られ方を見て、**「より強くファンの心を捉えるにはどうしたらいいのか」「より広く『ファン以外』の心を捉えるにはどうしたらいいのか」**を考えましょう。

○ レベル4「私」のファンでないが、テーマにひかれて語っている

　「『私』のファンでないが、テーマにひかれて語っている」場合は、「ファン（フォロワー）以外の人」の中で、どういう語られ方をしているかを把握しましょう。なぜファンでないのに語ったのか、どういうタイミング、どういうネタに反応したのかを正確に知ることが大事です。また、メディアが目を付けるほど「インパクトがある反応」を引き出すには、どうしたらいいのかを考えましょう。

○ レベル5 メディアが取り上げている（語っている）

　「メディアが取り上げている」場合、どういう論調で「私」をピックアップしたのかを把握しましょう。単体で取り上げられたのか、複数の中の1つとして取り上げられたのかを確認して下さい。複数だとしたら、「そこに共通するテーマは何か」を分析し、「そのテーマは、他メディアでも語られる可能性がないか」と考えて下さい。

図10 エゴサーチのチェックリスト

レベル5	メディアが取り上げている
レベル4	「私」のファンではないが、テーマにひかれて語っている
レベル3	「私」のファンが語っている
レベル2	「私」の身内のみが語っている
レベル1	誰も語っていない

No. 07 チェック結果に基づいた「関心」「問題」の探し方

エゴサーチのチェックを終えたら、その結果に基づいて「関心」や「問題」を探しましょう。探し方のヒントを次に紹介します。

○ チェック結果が「レベル3」以上

身内以外でも「私」について語られている場合、その中から「関心」と「問題」を見つけましょう。「私」に関する語りをピックアップし、**その内容が「関心」に近いのか、「問題」に近いのかを振り分ける**のです。図11はその一例です。ツイートを見て「関心」か「問題」に振り分けると、何気ないつぶやきの中にも貴重な発見がありますよね。

○ チェック結果が「レベル2」以下

「私」についての語りが見つからない場合、コミュニケーションを取りたい相手を設定し、その相手がどのような「関心」や「問題」を抱えているかを調べてみましょう。なおその際、対象が広すぎると「関心」や「問題」がたくさん出すぎて、収拾がつかなくなります。そのような場合は、**設定を細かく限定すること**が大事です。P.42のイザネモ水族館の事例でも、当初は「子どもを持つ親」と対象を設定していましたが、それだと広すぎるので、子どもは「小学生」、期間は「夏休み」とさらに限定しましたよね。

一方、なかなか「関心」や「問題」が出てこない場合は、**設定が狭すぎる**ということなので、**範囲を広げる**必要があります。

さて、肝心の「関心」「問題」の調べ方ですが、「関心」や「問題」と入力して検索するだけでは不十分です。と言うのも、**「関心」や「問**

題」は、必ずしもその言葉で表されないからです。「関心」ならば「楽しみ」や「トレンド」、「問題」ならば「困る」「悩み」のように、それを意味する別の単語を考えて検索してみましょう。

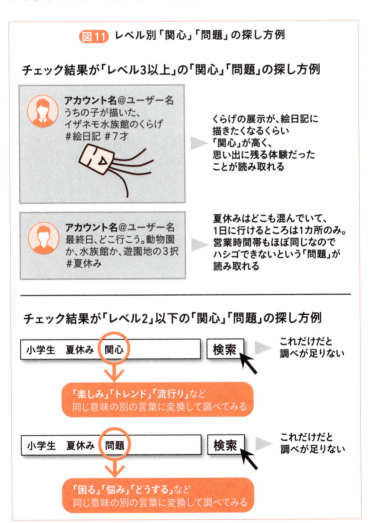

No.08 その「関心」「問題」は本当に「取り組むべきこと」か?

「関心」や「問題」を見つけ出したら、それが「私(自社・自ブランド)にとって本当に取り組むべきものなのか?」という検証を忘れずに行うべき、ということを最後にお話ししておきます。

「私」がその「関心」や「問題」に取り組むとき、**そこには絶対に「正当な理由」がなければいけません**。「なるほど、だから取り組むのか。納得!」と世の中に思われなければ、その行動は受け入れられないからです。

一方で、「正当な理由」だけでは大きな反響は見込めません。それに加えて、「え!そんなことに取り組むなんてびっくり!」と世の中に思ってもらえる**「意外な発見」**も必要です。このバランスが取れているかどうかを、忘れず検証するようにしましょう(バランスに優れた事例を第5章で紹介していますので、そちらも参考にして下さい)。

さらに、その「関心」や「問題」が**「私にとって大きすぎないか」**という検証も必要です。大きすぎる「関心」や「問題」の場合、必然的にその「関心」「問題」に取り組む競争相手も多くなります。

この「関心」「問題」に取り組んでいる=「私」、と思われたほうが、何かとトクですよね。往々にして、**大きな「関心」「問題」は、細かな「関心」「問題」の集合体であることが多い**ものです。ですから、「私」が責任を持って取り組める「関心」「問題」にまでほどいて、「関心」「問題」を捉えることが重要になります(図12)。

なお、本書カバーの裏側に、「関心」と「問題」を地球規模から個人的なものまで詳細に分類した「ソーシャル・イシュー・ヒントマップ」を掲載しているので、そちらもぜひ参考にして下さい。

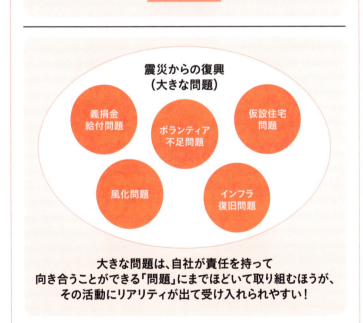

図12 「関心」「問題」を検証する

> CHAPTER 2　PR思考に必要なメソッド①　エクリプスモデル

COLUMN　エクリプスモデルの名の由来

　「関心」を高めるか、「問題」を解決することで、世の中と「私」との関係はより良く、強固になることをお話ししてきました。そうすると、「世の中」と「私」の円はぐっと近づいて、重なり合う面が広くなります。「接点」が「接面」になるのです。この重なり合いは、「日食」や「月食」に似ています。ですから、この思考フレームを日食や月食の「食」を意味する「Eclipse（エクリプス）」と名付けました。「自負」と「自虐」の両面のアプローチがあることも、光と闇の両方がある「食」に似てますよね。皆既食のように、がっちりと重なり合う関係を目指したいものですね。

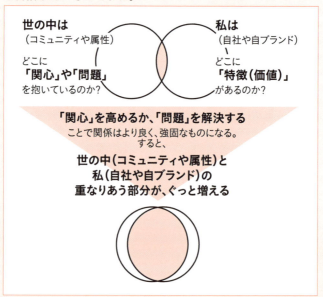

CHAPTER

3

PR思考に必要なメソッド②
PR IMPAKT®

01 メディアが報道したくなる!?「PR IMPAKT®」って何？
02 Inverse（逆説、対立構造）
03 Most（最上級、初、独自）
04 Public（社会性、地域性）
05 Actor／Actress（役者）
06 Keyword（キーワード、数字）
07 Trend（トレンド、時流、季節性）

> CHAPTER 3　PR思考に必要なメソッド② PR IMPAKT®

No. 01　メディアが報道したくなる!?「PR IMPAKT®」って何？

　第2章で紹介した「エクリプスモデル」を使い、PR思考でアイデアを組み立てた後で必ず行いたいのが、「世の中がどう反応するか」という検証です。1つの指標になるのが「メディア」の反応。**これを世に出したらメディアがどのように取り上げるか**」という視点で事前にアイデアを検証し、ブラッシュアップすることが、PR思考ではとても重要になります。

　ただし、やみくもに検証しても「妄想」になってしまうだけで、現実味がありません。そこで参考にしたいのが、「**PR IMPAKT®**（ピーアールインパクト）」という考え方です。「**PR IMPAKT®**」は、「メディアが報道したくなるポイント」を6つの視点でまとめた、電通グループのオリジナルメソッドです（図1）。メディアがニュースを報道する際にどのような視点で取材し、どのような視点で取捨選択しているのかを、膨大な報道を調査・分類して見出しています。

　以前、テレビや新聞の記者、Webニュースライターの友人に、このメソッドを説明したことがあります。すると、「これはよくまとまっている」「今まで自分たちがどういう基準でニュース性の有無を判断しているかを体系立てて考えたことはなかったけど、この切り口なら確かに取材したくなる」「新人研修に使いたいくらいだ」などと評してもらいました。

　実際、**メディアに携わる人の頭の中で行われているニュースのジャッジと相違のないメソッド**だと思いますので、みなさんもぜひ活用して下さい。この6つの視点があればあるほどニュースの切り口が増えるので、「報道したい」と思ってくれるメディアの幅も広がります。

図1 PR IMPAKT®

PR IMPAKT®
（メディアが報道したくなる6つの視点）

Inverse … 逆説、対立構造

Most … 最上級、初、独自

Public … 社会性、地域性

Actor / Actress … 役者

Keyword … キーワード、数字

Trend … トレンド、時流、季節性

検証を行う際は、自分がメディア
（テレビ番組のディレクターや、新聞記者、雑誌の編集者など）
になった気持ちで行わないと意味がない！

検証時のポイント：メディアの気持ち

- 番組や新聞、雑誌が持つ「カラー」や「特色」に合っているか？
- 番組や新聞、雑誌のターゲットの関心を捉えているか？
- ひいては、視聴率や購読率、閲覧数が上がりそうか？

※正しい英単語のスペルでは「IMPACT」だが、ここではあえて「K」表記なので要注意

CHAPTER 3

No. 02 [PR IMPAKT®①]
Inverse（逆説、対立構造）

Iは「Inverse」の頭文字で、「逆説」と「対立構造」のことです。「PR IMPAKT®」の中でも特にメディアが好む、**「インパクト」**を生む視点です（図2）。

○ 逆説

「逆説」は、すでに定着している説を覆す文脈や、既存のイメージとは反対の行動をとることです。定説や既存イメージとの間にギャップがあればあるほど人は「意外」に感じるので、世の中に与えるインパクトが大きくなります。**「AなのにB」のように「なのに」で考えると発想しやすい**ので覚えておきましょう。後述する「感情トリガー」（P.76参照）の「信じられない」をはじめ、「爆笑」「カッコイイ」「カワイイ」「啓発」など、多くの感情と相性が良いのも特徴です。

○ 対立構造

「対立構造」は、「vs」で考えると発想しやすいです。メディアの取り上げ方を見ていると、メガヒットを記録したものを除き、1つの商品・サービスを「単体で」特集するケースはあまりありません。同じ業界の2社を比較したり、他業界でも狙いやターゲットが近いものを取り上げ、**対立構造で報道することが多い**のです。自社商品のPRを考えるときも、対立相手をあらかじめ想定しておくと、戦略的に「対立構造」を作ることができます。対立構造は、自分がどちらを支持するか（好きか）というように**「生活者間の議論」**を活性化させやすく、感情トリガーの「物議をかもす」と相性が良いのも特徴です。

図2　Inverseの見つけ方

◇逆説

A「なのに」B

（例）● 炭酸飲料「なのに」特定保健用食品（トクホ）
　　　● おにぎり「なのに」にぎらない
　　　● 水族館「なのに」泊まれる

 元々の「A」と「B」の印象が、より距離が遠いもののほうが、くっついたときにより大きなインパクトが生まれるので、「なのに」が活きる。

ステテコ　←———→　年配者用

元々のイメージが近いので、「なのに」が活きない！

ステテコ　←————→　若者用

元々のイメージが遠いので、「なのに」が活きる！

◇対立構造

A「vs」B

（例）● 大手航空会社「vs」LCC
　　　● ハイブリッドカー「vs」電気自動車
　　　● 缶コーヒー「vs」コンビニのカウンターコーヒー

 「A」と「B」は、同業界の競合商品が入ることが多いが、ジャンルを広げて他業界同士で対立構造を作ったり、範囲を狭めて同じ社内で対立構造を作ったりすることも可能。お菓子メーカーの明治では、同社の人気商品「きのこの山」「たけのこの里」で「きのこ・たけのこ総選挙」キャンペーンを実施。それにより対立構造が作られ、ファンの中で「きのこ・たけのこ論争」が起きて話題になった。

No. 03 ［PR IMPAKT®②］
Most（最上級、初、独自）

◎「最上級、初、独自」はニュースになる！

Mは「Most」の頭文字で、「最上級」「初」「独自」を意味します。Iに次ぐ重要項目で、いわゆる**「ニュース性」**のカギを握ります。

「世界初」や「日本一」など、いわゆる「No.1」は、この項目の「最上級」にあたります。「ギネス世界記録に認定」など、誰もが認める第三者機関に権威付けされるのも、Mostの範囲内です。

ただし、最上級を表現するには、その根拠となるデータの出所などを明記する必要があるうえ、誰もがNo.1になれるとは限りません。

その場合に覚えておくと便利なのが、**「○○すぎる」という視点**です。ある特定の領域において、そのスケールを極端に拡大・縮小することで、最上級相当の独自性を生み出すのです。例えば、すでに「辛い」と認知されているメニューを「度を超えて辛くする」などがこれにあたります。

また、**MostにInverseの要素を加える**方法もあります。例えば、「自由すぎる就業規則」などがこれにあたるでしょう。

通常「会社の就業規則」は、「堅い」と捉えられていますが、それが「自由」で（＝逆説）、しかもその程度が「すぎる」（＝最上級相当／独自性）ことで、情報の受け手に「新しさ」（＝New）を感じさせるのです。文字通り、**Newが複数あれば、その情報はNew"s"（ニュース）になりますよね。**

そのほかにも、「初めての〜」（初）、「独自の技術を使った〜」（独自）なども、「Most」の視点なので覚えておきましょう（図3）。

図3 Mostの見つけ方

「一番」
(例)
- 世界で一番、日本で一番、業界で一番
- 関東で一番、東京都で一番
- 丸の内に勤めるOLの中で一番

▼ 範囲を狭めて限定していけば何かしらの「一番」が見つかる

「最(爆)」
(例)「最大」「最小」「最速(爆速)」「最軽量」

「〜すぎる」
(例)「かわいすぎる」「辛すぎる」「大きすぎる」「高級すぎる」

「初」
(例)「初日」「初出荷」「初公開」「初出店」「初来日」「初体験」

「新」
(例)「新商品・サービス」「新規オープン」「新会社」

「今まで、〜ない」
(例)「今まで、見たことない」「今まで、発売されたことがない」

「独自」
(例)「当社独自の技術」「オリジナル開発の仕組み」

No. 04 [PR IMPAKT®③] Public（社会性、地域性）

Pは「Public」の頭文字で、「社会性」や「地域性」を表します。

○ 社会性

メディアは「みんなが知るべき必要な情報を広く知らせる」という社会的使命の下で活動しています。そういった中で、自社や商品のことが紹介されるには、**「みんなが知るべき情報だ」「社会性を帯びている商品・企業だ」**と認識される必要があります。

「エクリプスモデル」（P.42参照）で、「世の中の問題を解決する存在になりたい」という目標を立てた場合、この視点をクリアしやすくなります。と言うのも、深刻度の差はあるものの、「ある人たちにとっての問題」を解決をすることで、人の生活が変わる、人の生活に役立つ、と捉えられるからです。

問題解決まで行かずとも、もう少しライトに考えるなら、「そのアイデアを考えるに至った背景」を説明したり、公的機関と協業したり共通点を探したりといった「公的なものとの接点」を見つけると、アイデアが浮かびやすいかもしれません（図4）。

○ 地域性

昨今は「地方創生」が国の大命題となっており、**地方自治体が主語になる施策や、地域を活性化するような施策は、ニュース化されやすい**傾向があります。

また、各地域にはその土地に根差した地元メディアが存在します。地域をテーマにした情報は、まずその地元メディアでニュースになる

ことを考えるのが、その情報を全国区にする近道です。

　今はデジタル化が進んでおり、地元メディアのニュースがポータルサイトに配信されているケースも多々ありますし、特定の地域で非常に大きな話題になれば、「○○県で人気すぎる」として、==Mostの視点を付加できるチャンス==も生まれます。

図4　Publicを付加した例

 石鹸メーカーが、「ポンプから直接泡が出る」液体石鹸を開発

❌ **Publicの視点がないPR**

> 泡で出る液体石鹸を新発売！

→ メーカー側の文脈しかないので、「社会性」が弱い

⭕ **Publicの視点があるPR**

> 石鹸は泡立つまでに時間がかかるので、泡立ててから30秒以上、しっかり手洗いをしている子どもは数十％しかいない。
>
> 石鹸をきちんと泡立ててから30秒以上手を洗うと、伝染病の罹患率がX％下がる。伝染病の罹患率低減を目指す○○市では、最初から泡立つ液体石鹸を全小学校で導入した

→ メーカー側がなぜこの液体石鹸を開発したかがわかる社会背景や第3者の利用実態が含まれており、「社会性」の高い情報になっている

No. 05 ［PR IMPAKT®④］ Actor／Actress（役者）

● 誰が語るのが最も効果的か？

Aは「Actor／Actress」の頭文字で「役者」の意味です。**「誰が語ると、一番効果的に伝わるか」**という視点を指しています。

「役者」と聞くと「有名人」という発想になりがちですが、それだけではありません。

知名度ではなく、**「そのアイデア（商品・サービスを含む）の魅力を伝えるのに、最も説得力があり、影響力がある人は誰か」**という視点で考えることが大切です。

また、1人の「役者」で、商品・サービスの全てを説明し、説得力や影響力を高い状態を作るのはかなり難しいので、「企業としての開発意図やビジョン」は経営者に、「商品の特徴」は開発者に、「効能」は専門家に、「体験した感想」は生活者にというように、各役者の役割を明確にして、複数を起用するのももちろんありです。

ただし、その際に注意したいことがあります。開発意図や商品の特徴、効能の説明などは、あくまで「企業側」の視点が中心になります。あるいは、その企業側の視点を補足する背景情報でしかありません。つまり、**ニュース化するときの補足、ないしニュースを肉厚にするための修飾語にすぎないのです。**

その商品やサービスを実際に使う人・使っている人＝**「体現者」**こそが、メディアがニュース化するときの要です。

そこまで「役者」をそろえられると、より親切なアイデア設計になるでしょう（図5）。

図5 Actor／Actressの考え方

アイデア（商品・サービスなど含む）を伝えるのに、最も説得力があり、影響力がある人は誰か？

↑ ビジネス視点

	伝える内容	役者の例（伝えたい相手にとって、影響力が高い人を選ぶ）
企業視点や背景情報 ＝ 記事の補足・修飾語	●ビジネス上のビジョン ●商品・サービスの新規性・特徴・背景 ●人気の裏付け（売上数字など）etc...	経営者（トップ）
	●商品・サービスのスペック ●研究・開発秘話 etc...	開発者・研究者
	●社会背景・動向 ●研究データ ●効果・効能 etc...	外部の専門家
体現者情報 ＝ 記事の要	●世の中・生活者にとってのメリット ●商品・サービスのイメージ ●体験した感想 etc...	生活者、インフルエンサー、著名人 ※内容により「説得力がある人」は変わる。生活者1人(n=1)の体験が説得力を持つケースもある

↓ 生活者視点

伝えたい相手、伝える内容によって「役者」の役割を明確に！

No. 06 [PR IMPAKT®⑤] Keyword（キーワード、数字）

Kは、「Keyword」の頭文字で、「キーワード」や「数字」を指します。これは一番イメージしやすいかもしれません。

記事の文字数や動画の尺（長さ）などには限りがあるので、覚えやすく、言の葉に乗りやすい「キーワード」や、印象に残りやすい「数字」が好まれます。

ですから、アイデア（商品、サービスを含む）を説明するときには、**「何と呼ばれたら、覚えやすく、印象に残りやすく、人に言いたくなるか」**という視点で考えましょう。要は、「ニックネーム」を付ける感覚で考えるのがコツです。

ただ、PR思考におけるのキーワード作りには注意点があります。今まで世になかった、**全く新しい言葉を作るのは、かなりリスクが高い**ということです。と言うのも、新しい言葉を覚えてもらうまでには、とてつもない時間とコストがかかるからです。ここではクールで洗練されたキャッチコピーよりも、「わかりやすさ」が求められます。

そこで、既存の単語を組み合わせたり、既存の言葉を略称化したり、その一部を変化させたり、漢字を使うことで意味を想像できるようにしたりなど、すでに世の中にある言葉を土台にして、**「ちょっとだけ」新しい言葉を生み出すほうがオススメ**です（図6）。既存の単語に対する暗黙知や事前理解があるので、理解されるスピードが速く、そのぶん浸透しやすいからです。

具体的なイメージを抱かせやすいので、「数字」で表現するのも良い手です。自社調べでも他の団体調べでもよいので、アイデアを裏付けるデータを用意しておくと、アイデアが強固なものになるでしょう。

図6 Keywordの作り方

世の中にある「ヒットワード」の派生で考える

「婚活」「就活」「朝活」「終活」「涙活」「菌活」
⟶「○○活」

「肉食系女子」「草食系男子」「リケジョ（理系女子）」
⟶「○○系」

「山ガール」「ビール女子」「すー女（相撲好き女子）」
⟶「○○ガール／女子」

「第三のビール」「サードウェーブコーヒー」
⟶「第三の○○」

世の中の既存の単語を組み合わせる／短縮する

「爆発的」＋「買う」＝「爆買い」
「民家」＋「宿泊」＝「民泊」
「アラウンド」＋「フォーティー」＝「アラフォー」

数字を表現するコツ（「たとえ」でまとめるか、仔細に言うかの2通りがある）

東京ドーム5個ぶんの敷地面積
7538時間かけて描いた黒板アート

> CHAPTER 3　PR思考に必要なメソッド② PR IMPAKT®

No. 07

[PR IMPAKT®⑥]

Trend
（トレンド、時流、季節性）

　6つ目のTは、「Trend」のことで、「トレンド」「時流」「季節性」を表します。

　メディアは、**「いつ」どのネタをニュース化するか、という判断を非常に大切にします**。ニュースにするタイミングを逸すると、誰も見ない・読まないからです。

　全く同じネタでも、「今、この瞬間、世の中が知りたがっていることなのか」という視点で判断したときに、「Yes」であればより長く（より大きく）報道されますし、「No」であれば、より短く（より小さく）報道されるか、報道されないことになるわけです。

　Web系のニュースメディアは特にその傾向が強く、このタイミングをより短く、瞬間、瞬間で判断し、掲載するネタや見出しを随時変更することがよくあります。

　よって、**「"なぜ今"、このアイデアを実行するべきなのか」**をきちんと説明できるようにすることが大事です。それによって、アイデアの必然性がより強固になります。もちろん、トレンドや時流は常に変化しているので予測が難しく、アイデアに取り入れづらいケースもありますが、**季節性に基づくタイミングは周期的に訪れる**ので、事前に予測しやすく、アイデアにも紐付けやすいでしょう（図7）。

　なお、「エクリプスモデル」（P.42参照）で、「世の中の関心をより高める存在になりたい」という目標を立てた場合、世の中の関心は「Trend」に左右されることが多いので、普段から、**いつ、どこで、どんな関心が高まりやすいのか**という視点で、世の中をウオッチするようにしましょう。

図7 季節性に基づくトピックス例

1月
- 受験・勉強
- 風邪・インフルエンザ
- お正月太り

2月
- バレンタイン
- 心の病、うつ
- 冷え・乾燥対策

3月
- 震災
- 花粉症
- レジャー・ツアー

4月
- 入学・新生活
- ヘアケア
- お花見

5月
- 母の日
- (夏に向けた)トレーニング
- GW・旅行

6月
- 梅雨
- 紫外線・UV対策
- カビ・におい対策

7月
- 夏休み
- ダイエット
- 暑さ対策（クール〇〇）

8月
- 夏休み・お盆
- 熱中症
- 夏の疲れ対策

9月
- シルバーウィーク
- アンチエイジング
- 旅行・温泉

10月
- ハロウィン
- スポーツ
- 秋の味覚 芸術

11月
- 紅葉・七五三
- 保湿・うるおい
- 鍋・生姜レシピ

12月
- クリスマス・師走
- 風邪・インフルエンザ
- 大掃除

> CHAPTER 3　PR思考に必要なメソッド②　PR IMPAKT®

COLUMN　これで考えよう！ PR IMPAKT®

　PR IMPAKT®の6つの視点を紹介しましたが、特に「Inverse」と「Most」は、最も重要な2大ポイントです。とにかく、この2つをアイデアに盛り込むことを第一に考えましょう。その他、PR IMPAKT®を考える際のヒントを以下にまとめておきます。

PR IMPAKT®	例	考えるときのヒント
Inverse … 逆説、対立構造	➡︎○○なのに△△ ➡︎○vs△	➡︎既存概念をいかに「裏切るか」を考えてみる **2点の距離が遠いほど面白い** ➡︎勇気を持って立ち向かう相手（敵）にチャレンジする **生活者が味方したくなる文脈を見つける**
Most … 最上級、初、独自	➡︎世界初○○ 日本一○○ ➡︎○○すぎる	➡︎特定領域のスケールを拡大・縮小してみる **新発見であるほど面白い**
Public … 社会性、地域性	➡︎○○化社会に… ➡︎地方自治体が…	➡︎アイデアに、公的なモノとの接点を見つけてみる **みんなが賛成しやすい仕組みにすると受け入れられやすい**
Actor / Actress … 役者	➡︎人気の○○が… ➡︎○○一筋の△△が…	➡︎「アイデア」と「伝えたい人」との親和性を考える **影響力が高い人ほどいい**
Keyword … キーワード、数字	➡︎○○女子 ➡︎○活…	➡︎アイデアに「名前（ニックネーム）」を付けてみる **短いほど使いやすく、覚えやすい**
Trend … トレンド、時流、季節性	➡︎○○日で… ➡︎今話題の○○	➡︎そのアイデアが最も説得力を増すタイミングを考える **今じゃなきゃいけない理由があると強い**

CHAPTER

4

PR思考に必要なメソッド③
感情トリガー

01 人がシェアしたくなる!?「感情トリガー」って何?
02 資生堂の場合
03 安川電機の場合
04 P&Gの場合
05 よりシェアされやすい「感情」は何?
06 性別・年代別の特徴を押さえよう!

> CHAPTER 4　PR思考に必要なメソッド③　感情トリガー

No. 01　人がシェアしたくなる!?「感情トリガー」って何?

● シェアしたくなる「10」の感情とは?

　PR思考を検証する際には、「メディアの視点」だけでなく、「ソーシャルメディアでどう語られるか」という視点でも見ておきたいところです。現代のPRを考えるうえで、ソーシャルメディアの影響力は無視できない要素だからです。

　そもそも、人がソーシャルメディアで情報をシェアしたり、つぶやくときに「無感情」なことはありえません。何かを見たり体験したりしたことで、何かしらの「感情」を抱いたから、それを誰かと共有したくなり、シェアしたりつぶやいたりする、と考えるのが普通です。

　そこで、筆者が所属する電通グループでは、オンライン動画制作の専門チームを立ち上げ（なお、「鬼ムービー」というのがそのチームの名称です）、「**感情トリガー**」というメソッドを開発しました。

　感情トリガーは、YouTubeにアップされたヒット動画（シェアや再生回数、Good数、コメント数の多いもの）を対象に、その動画がどういう感情でシェアされているかを調査・分析し、そこから割り出した「感情の種類」を10個に整理・分類したものです（図1）。「**トリガー**」、つまりシェアの"引き金"となる感情というわけです。

　自分のアイデアを世に出したとき、ぜひシェアしてほしいと思うのであれば、発想段階でそのアイデアがどんな感情とともにシェアされるのか、あらかじめ設計しておくことが大切です。「エクリプスモデル」（P.42参照）を組み立てた後は、「情報の受け手の1人」として、まっさらな気持ちになって「感情トリガー」で検証してみましょう。

図1 感情トリガーで整理した10の感情

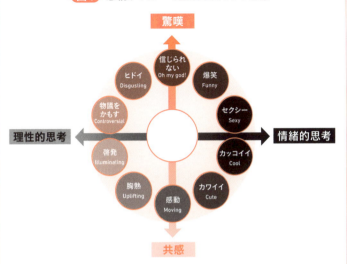

「感情トリガー」の感情	シェア例
感動	親子の心温まるエピソード・実現不可能な挑戦 →「涙腺崩壊！」「(´;ω;`)ブワッ」
胸熱（胸が高鳴る、鼓舞される、胸キュン）	日本代表の逆転勝利・青春時代を思い出す懐かしのシーン →「うおぉ！キターー！」「心に響いた」
信じられない	神業の凄アクション・衝撃のオチ →「すごすぎる！」「初めて見た！w」
爆笑	ドッキリ・ハプニング映像 →「腹筋崩壊！」「電車で吹いたw」
カッコイイ	超イケメン・クールな映像・洗練されたデザイン →「悶絶」「カッコよすぎる！」
カワイイ	猫の寝顔・赤ちゃんのリアクション →「超絶カワイイ！」「癒された」
ヒドイ	号泣釈明会見・不祥事の真相究明 →「ヒドすぎる」「これはない」
啓発（これを誰かに教えたい）	名言・実践必至のティップス →「イイこと言うなぁ！」「あの人にも教えたい！」
物議をかもす（意見対立を生むもの）	人によって見え方が違う写真・意見が割れる選択肢 →「私は○○に見える！」「僕は○○派」
セクシー	お色気シーン・セクシーなしぐさ →「思わず見ちゃった！」「目が離せない！」

> CHAPTER 4　PR思考に必要なメソッド③　感情トリガー

No.
02

［感情トリガー事例①］
資生堂の場合

　「感情トリガー」への理解を深めるために、いくつかの動画を具体例として見てみましょう。

　1つ目は、資生堂「High School Girl? メーク女子高生のヒミツ」という動画です。「謎めく女子高の教室。この教室には、ある秘密が隠されている…？」そう謳う紹介文とともに、2015年に公開された本作品は、「女子高校生だと思っていたら、実は全員、メークした男子高校生だった」という驚きのエンディングが評判を呼び、「仕掛け動画」の大成功例と呼ばれました。

　当時、若年層とのコミュニケーションを課題にしていた資生堂は、「メークは様々な人を美しく変化させる"力"を持つ、楽しいもの」というメッセージをどう表現したら若年層に伝えられるか、ということを徹底的に考えたそうです。30案ものアイデア出しの後、女子高生や女子大生にインタビューしたところ、「女装男子」という動画のアイデアがダントツに「シェアしたい」と人気を博したため、その案を膨らませたとのこと。出演者には雑誌モデルのリアル男子高校生を起用するなど、「==発見したら誰かに言いたくなるような細かい仕掛け==」をこれでもか、と詰め込んだ結果、「メークの力はすごい。そして、ここまで徹底的にやる資生堂もすごい」という感想を抱かせることに成功しました。

　「仕掛け動画」を感情トリガーで分析すると、一般的に大きく2つの特徴を持っています。1つは、裏切り方の面白さや鮮やかさに対する「==信じられない==」という驚きです。もう1つは、自分は最初からそのトリックに気づいていた、または気づいていない、などの「==物議を==

かもす」点です。「仕掛け」の種明かしの前後にギャップがあればあるほど「信じられない」気持ちは大きくなり、そのぶん大きな「物議をかもす」のでシェアされやすく、動画がヒットしやすくなります。

この資生堂の動画の場合、その2点がとことん突きつめられているうえ、女子高生という「**カワイイ**」要素も追加されていて、より強く感情に訴えるものになっています（図2）。

図2 感情トリガー事例① 資生堂

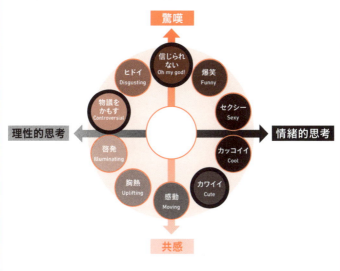

企業名　：資生堂
公開日　：2015/10/16
タイトル：High School Girl?
　　　　　メーク女子高生のヒミツ
https://youtu.be/5n3Db6pMQ-8

> CHAPTER 4　PR思考に必要なメソッド③　感情トリガー

No.
03

［感情トリガー事例②］
安川電機の場合

　福岡県北九州市に本社がある安川電機は、産業用ロボットで世界最高レベルの性能・シェアを誇ります。自動車・半導体・食品・医療など、様々な分野でその技術が活用されています。そこで同社では、創立100周年という節目に、同社の「ものづくりスピリット」を世界に向けて発信する狙いで、ある動画を制作しました。

● 産業用ロボットが居合斬りに挑戦？

　それが、『YASKAWA BUSHIDO PROJECT／industrial robot vs sword master』という動画です。「産業用ロボットの性能限界」と評される俊敏性やしなやかさを備えた同社のロボット「MOTOMAN-MH24」が、修心流居合術兵法の創始者である町井勲氏とともに、「居合斬り」に挑戦するという内容となっています。

　動画では、居合術の基本形である「四方斬り」に始まり、「袈裟斬り」「斬り上げ」「水平斬り」を再現し、最後には町井氏と一緒に「千本斬り」にも挑戦。その俊敏性・正確性・しなやかさを目の当たりにすると、にわかにロボットが行っているなんて「信じられない」という気持ちになるだけでなく、その「カッコイイ」姿に惚れ惚れしてしまいます。

　動画のラストでは、町井氏と「MOTOMAN-MH24」が一礼。その姿はまるで「同志」。武士道が重んじる礼節や相手を思いやる心をも表現しており、「平成の侍」と呼ばれる町井氏と「MOTOMAN-MH24」が、心を通せたかのように見えて、見ている者の「胸を熱く」するのです。感情トリガーのうち、3つの感情を非常にうまく盛り込んでいます。

安川電機は海外で事業展開していることもあり、**海外の人が見たときに反応したくなるような、日本的なストーリーと演出を施している**点も秀逸です。実際に、この動画には世界中から称賛の声が寄せられているそうです（図3）。

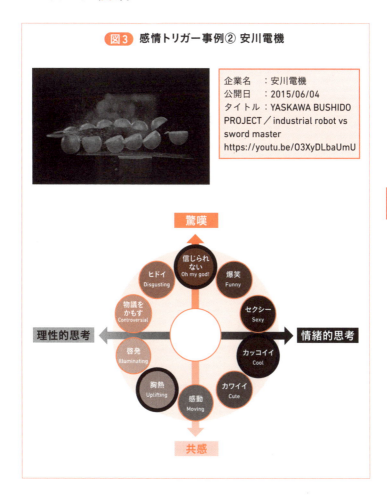

図3　感情トリガー事例② 安川電機

> CHAPTER 4　PR思考に必要なメソッド③　感情トリガー

No. 04

［感情トリガー事例③］
P&Gの場合

　「ふたりでわけあうもの The things we share #いい夫婦の日にしよう」は、P&Gが、家事分担プロジェクトの一環として、いい夫婦の日（11/22）を前に公開した特別動画です。台所用洗剤「JOY」をモチーフに、「わけあいたいのは、わかりあいたいから。」というメッセージとともに、夫婦の家事分担を巡る葛藤をリアルに描いています。妻は仕事に家事に奮闘し、夫も夫なりに頑張っている。でもどこかすれ違い、ぎくしゃくしてしまう2人。その解決のヒントとして、家事分担を「気持ちを分け合う」と表現しているのが印象的です。

　このプロジェクトは、「皿洗いが夫の家事参加のきっかけになれば」という思いからスタートしたのですが、企画の過程で、表現方法やストーリーを何度も見直したそうです。本当の共感を得るために、お客様にインタビューを重ねたところ、「毎日がいっぱいいっぱいで、パートナーと気持ちが共有できていない。本当は手助けや気遣いが欲しいが、それを伝えられない」という悩みが見えてきたと言います。

　その気持ちに寄り添うにはどうしたらいいかを考え抜いたときに、夫の家事分担がゼロで「ありがとう」とだけ言われても腑に落ちないし、かと言って家事の作業量をきっちり半分ずつ分担するだけではお互いハッピーになれないことに気づきました。このことをなるべく多くの人に響くよう表現したのがこの動画です。

　この動画が広く「共感」を獲得できたのは、家事分担を**「作業の分担か気持ちの分担か」**という二者択一にしなかったことにあります。

　作業を分担する大切さを残しつつも、夫婦や家族が幸せになるのは気持ちがわかり合えるからだ、という新しい家事分担のヒントを提示

した点が、**多様な生き方を認め合う、今の時代の気分を捉えていた**のでしょう。

作業分担としての家事分担はJOB（仕事・手間）だけど、気持ちまで分け合う家事分担はJOY（喜び・うれしさ）になる、というメッセージは、「夫婦で一緒に見たい」「我が家も見直してみよう」などの「**啓発**」にもつながっています（図4）。

図4 感情トリガー事例③ P&G

> CHAPTER 4　PR思考に必要なメソッド③　感情トリガー

No. 05　よりシェアされやすい「感情」は何?

「感情トリガー」は、動画の分析から誕生したメソッドですが、企業や商品・サービスそのものの魅力を伝える際にも応用できます。

私たちは、「感情トリガー」をより戦略的に取り入れてPR思考を強化するために、「感情トリガー」の10の感情を対象にした生活者調査を行いました。

企業に関するコンテンツを目にしたとき、「どのような感情を刺激されるものなら、自分以外の誰かに伝えたくなるか」ということを聞いたのです。

●「シェアされやすい感情」の第1位は?

その結果、「感情トリガー」は、元々シェアする際の10個の感情を割り出したものではあるものの、よりシェアされやすいもの、より人の中に留められやすいものがあることがわかりました。

結果は、**1位が「感動」(49.1%)でした。2位「胸熱」(48.8%)と3位「信じられない」(40.8%)**がそれに続きます(図5)。

「心温まるコンテンツ」や「そのストーリーに心が打たれて、胸が熱くなるようなコンテンツ」「自分の想像を超えるような驚き」といったコンテンツに支持が集まるという結果になりました。

一方で、**「ヒドイ」や「セクシー」は、シェアされる可能性はあるものの、生活者の反発や批判を生みやすい感情**でもあります。よって、「企業の魅力を高める」という目的がある場合は、ハイリスク・ローリターンになりかねないので注意が必要です。

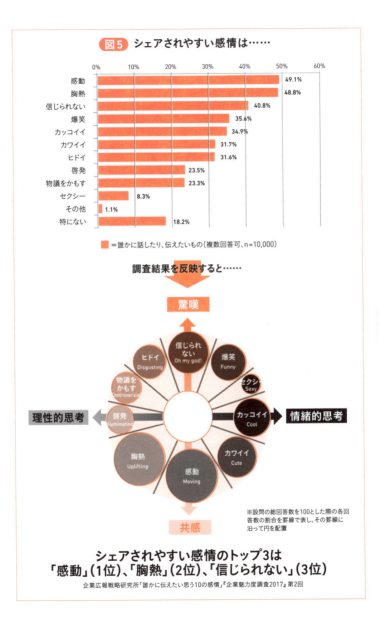

> CHAPTER 4　PR思考に必要なメソッド③　感情トリガー

No. 06 | 性別・年代別の特徴を押さえよう！

　「感情トリガー」には、性別や年代別で傾向があることもわかっています。したがって、企業がコンテンツを制作する場合やPR思考によるアイデアや情報を事前に検証する際は、「コミュニケーションしたい相手の傾向」を押さえておくと、シェアされる確率が高まると言えるでしょう。

● 性別や年代でシェアしたい感情に差がある

　例えば、男女別で見てみると、男女の違いが特に見られたのは、差が多い順に「カワイイ」「爆笑」「ヒドイ」でした（図6）。

　「カワイイ」が女性と親和性が高いことは想像に難くないですが、「爆笑」はどうでしょう？ 少し意外な印象を受ける人もいるのではないでしょうか。

　調査結果からは、笑いを誘うような面白コンテンツやアイデアを作り上げるときは「女性目線」を意識し、**女性から支持の低い感情は組み合わせないほうが、シェアされやすくなる**ことがわかります。

　性年代別で見ると、男性も女性も20〜30代のシェアしたい感情の1〜3位は、いずれも全体傾向とは異なります。

　例えば、男性20代は「胸熱」「カッコイイ」「感動」、女性20代は「胸熱」「カワイイ」「爆笑」の順です。したがって、PR思考でコンテンツを考えるときには、「どの年代にシェアしてほしいのか」、あるいは「シェアしてほしい人々の感情に配慮しているか」というイメージを、より明確に持つことが大切になります。それによって、アイデアの方向性も変わるのです。

図6 性別・年代別で異なる「シェアしたい感情」

1位 **2位** **3位**

(単位＝％)

	合計	感動	胸熱	信じられない	爆笑	カッコイイ	カワイイ	ヒドイ	啓発	物議	セクシー	その他	特にない
全体	100.0	49.1	48.8	40.8	35.6	34.9	31.7	31.6	23.5	23.3	8.3	1.1	18.2
男性	100.0	43.1	44.8	35.6	26.0	32.6	21.1	24.9	24.1	22.2	10.3	1.1	22.6
女性	100.0	55.1	52.7	45.9	45.2	37.3	42.3	38.4	22.9	24.4	6.3	1.1	13.8
20代	100.0	49.7	56.9	43.6	45.3	45.7	46.3	34.6	20.8	24.2	13.2	0.4	13.6
30代	100.0	50.7	54.1	45.4	41.6	42.1	40.0	36.6	23.3	26.7	10.2	1.3	12.8
40代	100.0	49.8	48.8	41.6	38.1	37.6	31.7	34.6	23.4	24.1	8.4	1.3	17.2
50代	100.0	48.6	44.5	38.2	32.5	29.2	25.2	28.9	23.6	21.1	5.9	1.2	22.2
60代	100.0	46.9	39.6	35.3	20.5	20.2	15.5	23.6	26.5	20.6	3.8	1.2	25.3
男性20代	100.0	40.2	50.6	34.5	29.9	41.8	30.2	26.0	22.6	22.0	14.8	0.2	18.8
男性30代	100.0	45.8	52.3	40.9	33.7	43.1	28.5	30.6	24.5	27.8	14.3	1.3	15.5
男性40代	100.0	44.2	46.2	37.3	29.7	34.4	20.2	26.8	23.0	23.7	10.6	1.1	20.5
男性50代	100.0	41.8	37.5	32.6	22.4	25.7	14.6	21.4	21.6	18.3	7.2	1.1	29.3
男性60代	100.0	43.5	37.6	32.8	14.3	18.0	12.1	19.6	28.7	19.2	4.4	1.6	28.9
女性20代	100.0	59.1	63.2	52.7	60.6	49.5	62.3	43.1	19.0	26.3	11.6	0.6	8.4
女性30代	100.0	55.5	55.9	49.8	49.5	41.0	51.4	42.6	22.0	25.6	6.1	1.3	10.1
女性40代	100.0	55.4	51.4	45.8	46.5	40.8	43.1	42.3	23.7	24.5	6.1	1.4	13.9
女性50代	100.0	55.3	51.4	43.7	42.6	32.6	35.8	36.4	25.5	23.8	4.5	1.2	15.0
女性60代	100.0	50.3	41.6	37.7	26.6	22.4	18.9	27.6	24.3	22.0	3.1	0.8	21.6

企業広報戦略研究所「誰かに伝えたい思う10の感情 性年代別一覧」
『企業魅力度調査2017』第2回

> CHAPTER 4　PR思考に必要なメソッド③　感情トリガー

COLUMN　受け手の気持ちになって
　　　　チェックしよう!

　「感情トリガー」で、PR思考に基づいて作ったアイデアや情報を検証する際に、注意すべき点があります。第3章で紹介した「PR IMPAKT®」は、盛り込める視点があればあるほど良いものでした。一方、「感情トリガー」はそうとは限りません。と言うのも、「軽く刺激される程度の感情」がたくさん盛り込まれているよりも、「1つの感情が、揺さぶられるくらい大きく刺激される」ほうが、人の印象に残りやすく、シェア行動を促しやすいからです。アイデアを思考する段階で盛り込むなら、多くて「3つ程度」を目安にするのが良いでしょう。

　また検証する際には、「自分が立てたアイデア」という贔屓目は捨てましょう。1人の受け手として、まっさらな気持ちでチェックしないと意味がありません。そのアイデアに全く関与していない人に聞いてもらい、感想を聞くのもオススメです。

　最後に「感情トリガー」の「ヒドイ」に代表されるような、「ネガティブな感情」を抱かれないか、という視点でチェックすることを忘れないようにして下さい。「これはいいアイデアだ!」と思ったときこそ要注意です。そのアイデアは、ひょっとしたら誰かの気分を害する内容かもしれません。

　もちろん、「世の中全員の賛同を得ること」や、「批判やリスクをゼロにすること」は現実的にありえません。

　ただ、「感情トリガー」で事前にチェックすることで、ネガティブ反応がどの程度起きるかを予測したり、そのとき取るべき対応について準備しておくことはできるはずです。PR思考には、この「リスクマネジメント」の視点も欠かせないのです。

CHAPTER
5

「PR思考」の活用例
成功事例アレコレ

01 超PR思考を実現する「コアアイデア創出・検証フレーム」
02 サクラパックス「熊本城組み建て募金」
03 ベジフルファーム「メタル社歌／メタル小松菜」
04 透けない白T製作委員会「正装白T」
05 国際自動車（kmタクシー）「ありのまま採用／仮面就職」

> CHAPTER 5 「PR思考」の活用例 成功事例アレコレ

No. 01 超PR思考を実現する「コアアイデア創出・検証フレーム」

　ここまで、PR思考に必要なメソッドとして、「エクリプスモデル」「PR IMAPKT®」「感情トリガー」の3つを紹介しました。それぞれの役割をまとめると、次のようになります。

エクリプスモデル…「PR思考」のコアアイデア創出メソッド
PR IMAPKT®…「メディアが報道したくなる視点」で検証するメソッド
感情トリガー…「人がシェアしたくなる感情」で検証するメソッド

　ここで提案したいのが、3つを組み合わせ、超PR思考を実現する「コアアイデア創出・検証フレーム」を使うことです。
　P.92の図1が、「コアアイデア創出・検証フレーム」です。フレームの前半は、第2章で説明した「エクリプスモデル」となっており、主にこの部分を使って「PR思考のアイデア」を練り上げます。フレームの後半は、「PR IMAPKT®」「感情トリガー」で考える部分です。練り上げたアイデアに対する「世の中の反応（メディアが報道したくなるか、人がシェアしたくなるか）」を、この部分で検証するのです。
　検証の結果、項目が埋まらない部分は「エクリプスモデル」に戻り、アイデアを再度ブラッシュアップします。この過程を繰り返すことでPR思考がより深まり、世の中に反応されやすいストーリーになります。ブラッシュアップしてもなかなか「PR IMAPKT®」「感情トリガー」が埋まらない場合は、「I（逆説、対立構造）」や「M（最上級、初、独自）」の要素を入れるには、アイデアをどう変化させればいいのか、あるいは「感情トリガー」のうち、どれか1つの感情を極端に刺激する

には、アイデアをどう変化させればいいのか、と考えてみるのもありです（ただ、エクリプスモデルで発想した時点で「I」もしくは「M」が埋まらない場合、そのアイデアは弱いので、練り直すことをオススメします）。

では、第2章で挙げた「泊まれる水族館」のアイデア例を、「コアアイデア創出・検証フレーム」を使って検証してみましょう。

P.94の図2を見て下さい。「泊まれる水族館」は、「水族館"なのに"泊まれる」「日本初（※当時）」が埋まるので、ここはクリアしています。さらには「泊まれる水族館」というネーミングもキャッチーなので、「K（キーワード）」もクリアしていますね。しかし検証してみると、「P（社会性、地域性）」「A（役者）」「T（トレンド、時流、季節性）」が埋まっていません。この要素を付加するようなアイデアにブラッシュアップできると、より強いアイデアになるというわけです。

例えばAの要素を追加するには、「泊まれる水族館」について誰が語ると、このアイデアを最も象徴的に伝えられるのか、と考えます。魚好きのタレントなのか、パパママ飼育員なのか、館長なのか、その水族館がある市町村の小学生なのか、とアイデアを膨らませ、一番反響が見込めそうな要素を付加するのです。「感情トリガー」でチェックする際は、「その感情の振れ幅を最も大きくできるアイデアになっているか」という視点で検証しましょう。例えば、「胸がときめく（胸熱）」にはどうしたらいいか、と考えてみると、夜間は昼間とは水槽のライトアップ方法を変えるなどのアイデアが湧いてきますよね。

このフレームで事例を紐解いてみるのもオススメです。世の中で成功したと言われている事例をこのフレームで紐解くことで、PR思考でアイデアを生み出すコツをつかむことができるからです。

以後紹介する事例は、いずれもその根底にPR思考が活きています。事例を見れば、PR思考は、ブランディングや新商品の開発はもちろん、企業活動や採用活動などにも活かせることがわかるはずです。

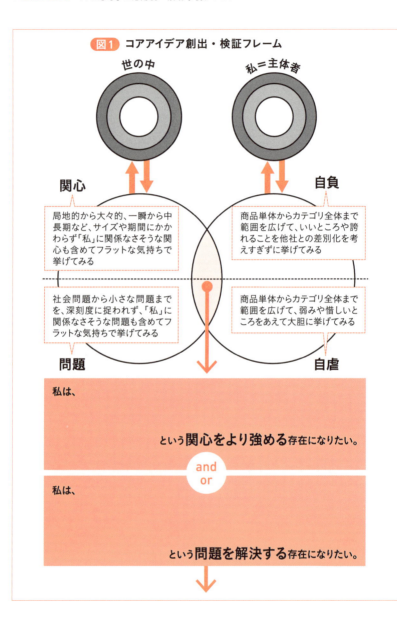

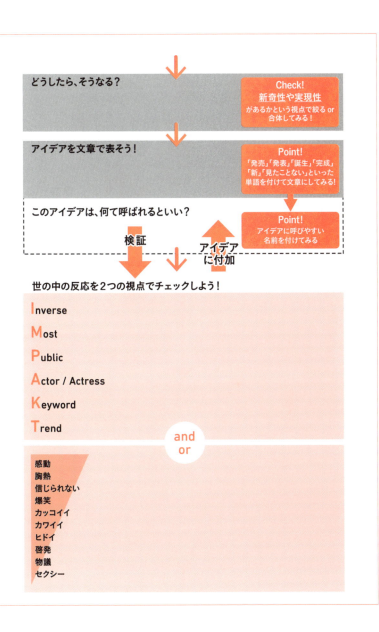

> CHAPTER 5　「PR思考」の活用例　成功事例アレコレ

図2　「泊まれる水族館」の例

世の中　　　　　　　　　**私＝主体者**

小学生を持つ親 @夏休み　　　イザネモ水族館

関心　　　　　　　　　　　**自負**

・せっかくの休みなので、思い出に残るような、非日常の体験をさせたい

・水族館の目玉となる生物がいる
・連日人気のショーがある
・設備に特徴がある（例：1枚ガラスの大水槽で迫力があるなど、最新の技術）
・名物館長（飼育員）がいる
・職員の企画（ショーやイベントなど）を実現しやすい

・夏休み中のお昼ごはんを用意しないとダメ問題
・夏休みの自由研究を何したらいいか問題
・夏休みの絵日記に書くことがない問題

・他の水族館と比べて、展示している生物が見劣りする
・料金がやや高い
・生物の人気にバラつきがある

・夏休みはどこも混みすぎてて、じっくり鑑賞したり、体験できない問題

・実は1日中（昼夜を問わず）、同じように世話をしているのに夕方以降は、誰も見ていない

問題　　　　　　　　　　　**自虐**

私は、

　　　　　　　　　　　　という**関心をより強める**存在になりたい。

and
or

私は、

　　夏休みはどこも混みすぎていてじっくり楽しめない

　　　　　　　　　　　　という**問題を解決する**存在になりたい。

どうしたら、そうなる？

- 絶対に混まない水族館（深夜・早朝に営業する水族館 → 泊まってもいい水族館！）
- 待ち時間が楽しい（暇つぶしネタを冊子にして配布する）
- あえて、混んでない（人気のない）生き物のコーナーを案内する

アイデアを文章で表そう！

こんなのあった!?「泊まってもいい水族館」が、夏休みに限定オープン！

このアイデアは、何て呼ばれるといい？

泊まれる水族館

世の中の反応を2つの視点でチェックしよう！

Inverse	→水族館、なのに泊まれる
Most	→日本初!?
Public	
Actor / Actress	
Keyword	→泊まれる水族館
Trend	

Public / Actor-Actress / Trend → 今のアイデアでは不足している！

and / or

感動	→子どもと忘れられない体験ができた
胸熱	→夜の水族館なんて、神秘的！キレイ！
信じられない	→いつも混雑の水族館を独占できるなんて！
爆笑	
カッコイイ	
カワイイ	
ヒドイ	
啓発	
物議	
セクシー	

これらの感情をより強く動かすためにはどうしたらいいか、アイデアを膨らませる！

> CHAPTER 5 「PR思考」の活用例 成功事例アレコレ

No. 02 ［事例① 企業活動に活かす］
サクラパックス「熊本城組み建て募金」

事例紹介

» Background －背景－

2016年4月に発生した熊本地震によって、熊本県の象徴である熊本城も大きな損傷を受けた。改修には修復費634億円、城全体の復旧には約20年かかると試算されている。

サクラパックスは、富山県にあるダンボールやパッケージングの専門会社だ。一地方企業として、同じく一地方の熊本の力になりたいと考えたサクラパックスでは、自社の専門領域であるダンボールを使って、記憶の風化とともに支援が途絶えないよう、長期的に熊本の復興をサポートしようと立ち上がった（図3）。

» Idea －アイデア－

同社では、以前からOEM商品として「熊本城」をモチーフとした手のひらサイズのダンボールキットを手がけていた。そこでその資産を活かし、「長く熊本のことを想い、支援したくなる仕組み」を生み出そうと、ダンボールメーカーにしかできないソーシャル・コミュニケーション活動として、新たに「熊本城組み建て募金」を立ち上げた。

◎「熊本城組み建て募金」の特徴

- 組み立てキットを1個2000円で販売し、売上金を全額、熊本城の修復のために寄付
- キットの組み立てにかかる時間を「熊本（城）のことを想う時間」と定義（平均37分）。支援とは「お金を募金箱に入れる1回の行動やワンクリックで完了するもの」ではなく、「時間がかかるもの」だということを体感してもらう仕組みに
- 震災1年後の2017年4月に、都心で「熊本城組み建て募金展」を実施

» Result －結果－

　国内のみならず、台湾や香港など10の国と地域から注文が殺到し、当初予定の160％を売り上げ（売上個数5500個）、募金総額は1100万円超。「熊本（城）のことを想う総時間」は、3412時間に上った（2017年8月時点）。サクラパックスに対する好意度が上昇し、就職希望者は120％に。協働依頼が20件舞い込むなど、問い合わせが激増した。

> ◎ソーシャルメディア上の反響
>
> 「素晴らしいアイデアだと思います。復興支援を実感できますよね」「募金はなんか恥ずかしい。でも、これなら買える」「熊本城を作るのは楽しかったです。本物の熊本城は、早く直ってほしいです」「若ければ、このような会社に就職したかったです！」

図3　熊本城組み建て募金

「熊本城組み建て募金」
http://www.kumitate-bokin.jp/

● サクラパックスの事例から学べるもの

　サクラパックスの事例は、たとえ一企業であっても、深刻度の高い問題解決にチャレンジできることを証明した素晴らしい挑戦だと思います。実際、このプロジェクトを知り、ソーシャルメディアなどでコメントをした人の9割以上が、好意的なリアクションを示しています。

　サクラパックスの取り組みが世の中から好意的に受け止められたのは、その「問題」に対する同社の姿勢が非常に真摯だったことに加え、**同社がその問題に取り組む「正当な理由」と「意外な発見」のバランスが絶妙だったこと**が挙げられるでしょう。

　P.56で説明したように、企業がある「問題」に対峙するときは、「なるほど。だから取り組むのか、納得！」と、世の中に思われなければ（つまり「正当な理由」がなければ）、その行動は受け入れられず、反発を招く危険性もあります。一方で、それだけでは大きな反響が見込めず、**「そんなことに取り組むなんてびっくり！」と、世の中に思ってもらえる要素（意外な発見）**も必要なのです。

　「熊本城組み建て募金」は、地方同士で支え合う姿に「納得！」「支援は時間がかかるんだ！」という「正当な理由」とともに、ダンボールの会社が熊本地震復興の力になれるなんて「意外！」、手のひらサイズの熊本城を組み立てることで支援ができるなんて「びっくり！」という「意外な発見」が見事に共存しています。

　また、同取り組みは、**「問題」の見出し方も的確だった**と言えるでしょう。一企業が深刻度の高い、大きな問題にたった1人で向き合うのは、なかなか荷が重いものです。

　しかし、**大きな問題は複数の問題の集合体であることが多い**ので、大きな問題の構成要素となっている「細かな問題」にまでほどいて捉え、真摯に向き合うことが重要です。

「熊本城組み建て募金」の場合、「熊本地震からの復興」という非常に大きな問題を、「風化防止」という問題にまでほどいて向き合いました。一度「問題」と向き合ったら、最後まで責任をまっとうすることが求められるので、自社・自ブランドが取り組むべき「問題」をどう見出すかは、とても重要になります。

　次ページの図4で、この「熊本城組み建て募金」の取り組みを「コアアイデア創出・検証フレーム」で紐解いたので見てみて下さい。

　熊本地震からの復興という大きな「問題」の中から風化という問題を見出すことができた点が、このアイデアの学ぶべき最初の点です。風化問題を解決するには「『復興支援は時間がかかること』をもっと意識してもらう必要がある」と考えたサクラパックスは、自社のOEM商品である熊本城キットも、組み立てるまでに一定の時間がかかることに着目しました。組み立てる行為そのものを「募金の仕組み」とすることで、自社ならではの支援ができると考えたのです。このように、**問題の解決方法が「その企業らしい方法であるか」という検証は、前出の「正当な理由」を担保するためにも必要なこと**です。

　次に学ぶべき点は、「**アイデアの名前の付け方**」です。これは「PR IMPAKT®」の「K（キーワード）」に該当する部分でもあります。

　「この取り組みに対する想いを、より多くの人に届けるにはどうしたらいいか」と考え、伝わりやすく、みんなが呼びたくなるような名前を付けた点が秀逸でした。多くの人の耳に馴染みがある「積み立て貯金」というワードをもじり、「組み建て募金」と名付けています。

　最後に学ぶべき点は、サクラパックスの「勇気」と「覚悟」です。このアイデアを強固なものにするのには、**売上の一部ではなく、全額寄付が必須**だったのでしょう。「それをやりきる『勇気』と『覚悟』はあるか」。世の中の問題解決に臨むときは、必ずそう自分自身に問いかける必要があります。中途半端な解決は求められていないのです。サクラパックスは、その自問に、見事に「自答」したのです。

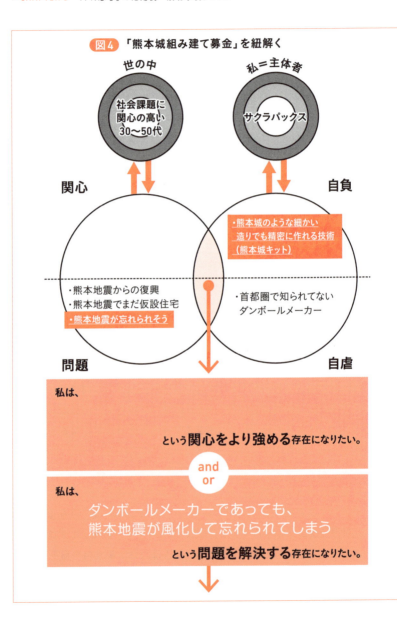

どうしたら、そうなる?
- 熊本城キットを商品化し、売上を全額寄付する仕組みを作る
- 熊本城キットを組み立てる時間を、熊本城に想いを馳せる時間と定義する
- 熊本地震のちょうど1年後のタイミングに、風化の速度が速い首都圏で、熊本城キットを使ったイベントをする

アイデアを文章で表そう!

手のひらサイズの熊本城を組み立てて熊本を応援できる、新しい募金がスタート!

このアイデアは、何て呼ばれるといい?
熊本城組み建て募金

世の中の反応を2つの視点でチェックしよう!

Inverse	→ダンボールメーカーなのに熊本地震に貢献。精巧な熊本城なのに、ダンボールでできている
Most	→熊本地震の風化防止
Public	
Actor / Actress	
Keyword	→組み建て募金/ダンボール熊本城
Trend	

and / or

感動	→いい取り組み!感動した!
胸熱	→富山出身として誇らしい!
信じられない	
爆笑	
カッコイイ	
カワイイ	
ヒドイ	
啓発	→復興のシンボル熊本城のためにやり続けてほしい!
物議	
セクシー	

CHAPTER 5

> CHAPTER 5 「PR思考」の活用例 成功事例アレコレ

No. 03 ［事例② 商品のブランディングに活かす］
ベジフルファーム
「メタル社歌／メタル小松菜」

事例紹介

» Background －背景－

「ベジフルファーム」は、千葉県の農業生産法人だ。元暴走族総長らが2012年に立ち上げ、小松菜、ニンジン、大根など、年間約500トンの野菜を生産している。社是は「農業革命を起こす」。日本の農業を取り巻く課題を先陣切って解決しようと、様々なことに積極的に取り組んでいる。

中でも大きな課題の1つは、生産者側に「価格決定権がないこと」だと考えたベジフルファームは、自社のブランド力を高める必要があるとし、自らの情報発信を強化し、世の中の関心を喚起することにした。

» Idea －アイデア－

テレビ番組で「(おいしいパンを作るために)パンにクラシックを聴かせる」という、ある工場の"聴育"の取り組みを目にしたベジフルファームは、「元々鉄分の多い小松菜にメタル（楽曲）を聴かせたら、鉄分がもっと増えないだろうか？」と考え、小松菜に浴びせる用のメタル社歌『小松菜伐採』を制作。それを毎日爆音で聴かせ、「メタル小松菜」を生産した。

ところが2016年春、初出荷の際に味や成分をチェックすると、聴育した小松菜と普通の小松菜の変化はまるでなし。科学的変化は起こらなかった。しかし、ベジフルファームではこの事実を失敗と捉えず、「農作物にメタルを浴びせても、全く変化がないことの発見に成功した」と解釈し、その仮説と検証の過程・結果を全て開示し、「メタル小松菜」を市場にデビューさせた（図5）。

» Result －結果－

メタル社歌によって聴育された「メタル小松菜」の存在が明らかになると、ネットで話題になり、問い合わせが殺到。ネットの盛り上がりはメディアにも

飛び火し、関東のテレビ・キー局の全てで取り上げられた。

「メタル小松菜」は、生産開始当初予想の10倍以上のオンライン注文が今も続いているほか、社歌の制作依頼などが舞い込むようになった。さらには、人材獲得にも好影響があったと言う。

図5 メタル社歌／メタル小松菜

「メタル社歌」や「メタル小松菜」などで自社ブランディングを仕掛け、農業革命を起こしたいと話す、ベジフルファーム代表取締役の田中健二氏（右）と長山衛氏

ベジフルファーム取締役の長山氏は、メタルバンド「オリンポス16闘神」のリーダーでもある。同社のメタル社歌『小松菜伐採』の作詞作曲から、演奏、動画制作などに至るまで一貫して手がけた

⬤ ベジフルファームの事例から学べるもの

　この事例を主導したベジフルファーム取締役・長山衛氏によると、一連の活動は「**"狂気"とも言えるシビれるほどの覚悟を持って、自分たちのビジネスに対する"哲学"を発信している**」とのこと。その覚悟の強さがもたらす技なのか、「世の中が自分たちの行動や発言に対してどのような"反応"を示すのか」という予測感覚が、恐ろしく鋭いのがベジフルファームの特長です。

　自らもメタルファン（メタラー）であり、メタルバンドマンである長山氏は、「メタル小松菜」を聴育するための「メタル社歌」を作るにあたり、まずは「メタラーの心をつかむこと」を考えたと言います。と言うのも、メタラーは狭いながらも非常に深いコミュニティを形成する性質があるので、**そこで圧倒的に差別化することができれば必ず話題になり、「その他のコミュニティにもそれを拡散できる」**と考えたからです。

　つまり、最初から大きなコミュニティを一気に動かすことを考えるのではなく、「**確実に反応してもらえそうな、規模の小さなコミュニティ**」を見つけ、まずはそこで「反応」してもらう。そして、その「反応」をもとに、他のより規模の大きなコミュニティを「連鎖反応」させる戦略をとっています。

　連鎖反応を促す段階では、TPPや就業人口問題から農業界への注目度が上がっている昨今の報道トレンドに注目したと言います。以前から「ヤンキー農業」と名乗ってきた自分たちに対して「次は何を仕掛けて来るのだろう」と、世の中やメディアが期待していることを感じつつ、その予想を凌駕する施策を実行すれば、必ずや大きな「反応」を引き出せると予測していたのです。

　つまり、「反応」に対する予測感覚が鋭いのは、そのコミュニティの特性を熟知しているだけでなく、**相手から「自分がどう思われてい**

るか」を正確に把握していることの証というわけです。

「ヤンキー農業」として知られている現状を活かし、メタラーコミュニティから世の中全体へと、段階的かつ飛躍的にコミュニケーションする相手を増やしていく様は「見事」の一言に尽きます。

● ベンチャー企業のPRは「面白味」をエッセンスに！

また、世の中が反応する文脈の作り方も秀逸でした。実験前に立てていた「メタルを聴かせることで、鉄分豊富な小松菜がよりおいしくなる」という仮説はあえなく崩れるも、「『何も変化は起きない』という発見をした」と解釈し、むしろ誰も考えなかった仮説に基づき、誰も求めていない検証を元ヤンが大真面目にやることにこそ「面白味」があると考え、その過程を明らかにします。

PRはフィクションではなく、ノンフィクション。つまり、ファクト（事実）ありきで文脈を設計するのが前提です。たとえファクトが想定通りの内容にならなかったとしても、それをどう解釈したら人が関心を抱いてくれる文脈になるのか、という視点で再構築している点が素晴らしかったと言えます。

長山氏は、中小企業やベンチャー企業がPRをする際は、「面白味」こそが、必要なエッセンスだと話します。

「万人に好まれる社歌ではないことは想定していましたが、メタラー市場という局地戦を制すれば、メディア報道という空中戦に持ち込むことができると思っていました。そうすれば、1％の人に関心を持ってもらうだけでも、大きなマーケットになると考えたのです。PRする際は、狂気とも言える覚悟を持って、面白さというエッセンスを加えてみることをオススメします。大手企業にはできない強みにつながるはずです」（長山氏）。

次ページにてこの施策を「コアアイデア創出・検証フレーム」で紐解いているので、ぜひ参照して下さい（図6）。

> CHAPTER 5 「PR思考」の活用例 成功事例アレコレ

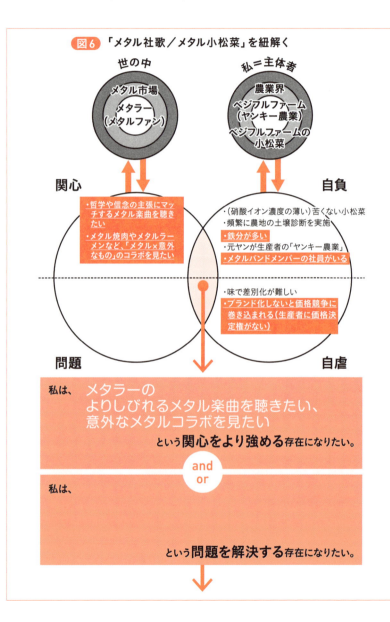

どうしたら、そうなる？

- 農業をテーマにした、メタル調の社歌を作る
- 小松菜にメタルを聞かせ、"鉄"分がさらに増えた、おいしい小松菜を作る

アイデアを文章で表そう！

- ヤンキー農家が、メタル社歌を制作して配信！
- 日本初！？メタルを聴かせて育てた小松菜が登場！

このアイデアは、何て呼ばれるといい？

メタル社歌／メタル小松菜

世の中の反応を2つの視点でチェックしよう！

Inverse → 社歌なのにメタル!?

Most → 日本初!? 小松菜をメタルで聴育

Public

Actor / Actress → 生産者は元ヤン、かつ、メタラー

Keyword → メタル社歌／メタル小松菜

Trend

and / or

感動
胸熱
信じられない → 社歌がメタルって!?
爆笑 → メタルで小松菜を育てるとかww しかも変化なしww
カッコイイ
カワイイ
ヒドイ
啓発
物議
セクシー

> CHAPTER 5　「PR思考」の活用例　成功事例アレコレ

No. 04

［事例③ 新商品開発に活かす］

透けない白T製作委員会「正装白T」

事例紹介

» Background －背景－

ワークスタイルの多様化とともに、ビジネスシーンのファッションにも変化が起きている。「ノームコア（Normcore＝究極の普通）」という言葉がトレンド化しているように、「シンプルでベーシックな服装」が人気を博すようになってきた。これに伴い、オフィシャルなシーンでも「無地の白Tシャツを着用したい」と願う男性が急増。一方で「白いTシャツは乳首が透ける」という悩みを抱える男性も少なくなかった。

» Idea －アイデア－

株式会社アールの川辺洋平氏が「透けない白T製作委員会」を結成。白Tシャツを「下着」としてではなく、「正装」として着用したい男性のために、乳首の透けを気にせずに着用することができる白Tシャツ「正装白T」を開発した（図7）。

◎「正装白T」の特徴
- 上品なデザインと厚手素材の採用により、乳首が透けず、ビジネスシーンやフォーマルなセレモニーでの着用に最適（着用したままの水浴び、極度に強い光を当てるなどの状態は除く）
- できるだけ農薬を使わずに育てた綿を求め、ウガンダ、インド、米国のオーガニックコットンをミックス
- 紡績から縫製まで徹底的に日本製

» Result －結果－

2017年3月に、春夏バージョン200枚を限定発売するも、30分で即完売。追加100枚、さらに8月に発売した秋冬バージョン500枚も完売。半期で約1000万円を売り上げた。

図7 正装白T

「正装白T」
http://seisoshirot.com/

白いTシャツを着たとき、「乳首の透け」が気になる人は83.8%

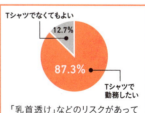

「乳首透け」などのリスクがあっても、夏場のビジネスシーンでTシャツを着て勤務したい人は全体の87.3%

男性のNGファッションは、ワキ汗、ハミ毛を抑え、「乳首透け」が1位!

白T製作委員会『白いTシャツ着用時の乳首透けに関する調査』
(有効回答数:315人男女)

● 正装白Tの事例から学べるもの

P.116に仕掛け人である川辺洋平氏のインタビューも載せていますが、この商品は川辺氏本人が抱えていた「問題」から生まれました。「『乳首が透ける』という問題を解決できる白いTシャツを探したが、既存商品がない→自分以外にもこの問題で悩んでいる人がいる→透けない白Tを作ったら自分も他の人もうれしい→少なからず売れるのでは」という過程を経て形になったアイデアです（図8）。

● 根幹の問題の「周辺」にも目を向ける

新規事業や新商品・サービスを立ち上げる際は、エクリプスモデルの左側にあたる「関心」「問題」を起点にアイデアが生まれることが多いものです。

しかも、自分や身近な人など、ごく限られた人の「関心」「問題」がきっかけとなるケースが少なくありません。それが**自分やその人だけでなく、一定のコミュニティにとっても「関心」「問題」であれば、世の中に一定の需要がある**ことになります。

またその際、根幹の「関心」「問題」に付随して、**そのコミュニティが他にどんな「関心」「問題」を抱いているのかを考え、それも一緒にクリアできる**と、より強いアイデアになります。

白Tの乳首透ける問題を抱えている人たちは、その根幹の「問題」の周辺に「シンプルなファッショントレンド」や「働き方・ワークスタイルの多様化」「オーガニック志向」という関心や、「オフィシャルな場（仕事時）でも着られる、着心地のいい服を持っていない」という問題を持っていることが考えられました。

正装白Tは、そのデザインや素材を検討していく過程において、乳首透け問題に関連する**「周辺の関心・問題」をもクリアする**ことに成功し、見事なヒットにつながっています。

P.114の図9に、正装白Tの取り組みを「コアアイデア創出・検証フレーム」で紐解いたものを紹介するので参考にして下さい。

◉ 大切にしたのは「ワクワク感」

　川辺氏は、開発から販売に至るまで、自分がこの商品を手にしたときの**「ワクワク感」**を大切にしたと言います。

　言うなればそれは、「コアアイデア創出・検証フレーム」のうち、エクリプスモデルの下部にある「感情トリガー」の部分にあたります。

　「正装白Tを手にしたら、どんな感情になるか」「それを他の人とも共有できるか」「世の中に出たらどう語られるか」ということが、最初から考えられており、最後までそれが貫かれているのです。

　さらに、このプロジェクトが秀逸だった点は、**乳首透け問題をどれくらいの人が気にしているかを調査で「可視化」した点**です。

　調査結果の一部をP.109の図7に紹介していますが、本プロジェクトの商品発表の際も、「8割以上の人が白Tを着たときの乳首を気にしている」という事実を、参加したメディア関係者に提示していました。

◉「あるある」の「根拠」を示す

　根拠を持って説明されると、**「あるあるネタ」が、立派な「社会ネタ」になり、メディアも「報道したくなる」**というわけです。

　アイデアがPR思考に基づいてると、世の中に発表したときのパブリシティの道筋も浮かびやすいことが理解できたでしょうか。PR思考こそが、PR手法を高める一番の方法なのです。

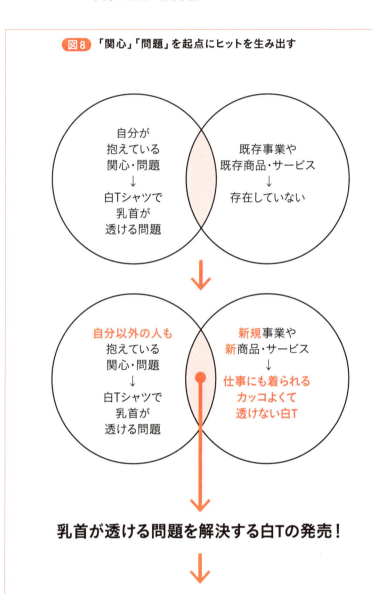

「周辺の関心・問題」に目を向けると…

- 白Tシャツで乳首が透ける問題を抱えている人は**他にどんな関心や問題を持っている？**
  ↓
  シンプルなファッショントレンド、働き方の多様化、オーガニック志向
  オフィシャルな場（仕事時）でも着られる、着心地のいい服を持っていない問題

- 新規事業や新商品・サービス
  ↓
  仕事にも着られるカッコよくて透けない白T

- 白Tシャツで乳首が透ける問題を抱えている人は他にどんな関心や問題を持っている？
  ↓
  シンプルなファッショントレンド、働き方の多様化、オフィシャルな場（仕事時）でも着られる、着心地のいい服を持っていない問題

- 仕事にも着られるカッコよくて透けない白T
  ↓
  上品なデザイン
  透けない素材
  オーガニックコットン
  日本製

「周辺の関心・問題」もクリアして大ヒット!

> CHAPTER 5 「PR思考」の活用例 成功事例アレコレ

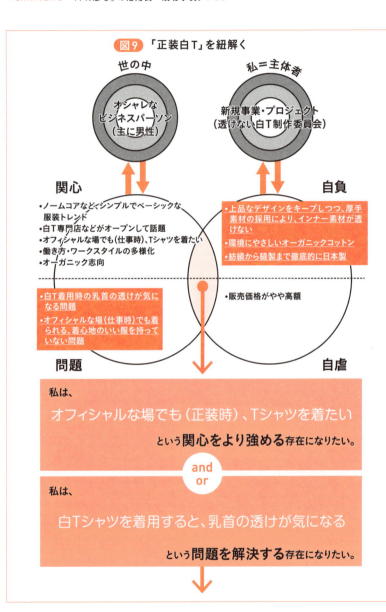

どうしたら、そうなる?
・オフィシャル感を失わない、白Tシャツを開発する
・絶対に乳首が透けない素材を使う

アイデアを文章で表そう!

オシャレワーカーに朗報! オフィシャルなシーン(正装時)に着られる、白Tシャツが登場!

このアイデアは、何て呼ばれるといい?
正装白T

世の中の反応を2つの視点でチェックしよう!

Inverse → 白Tシャツなのに、透けない

Most → 世界初!? 乳首の透けない・・・

Public → 気にする人8割以上、乳首透け問題

Actor / Actress → 素人が2年がかりで開発

Keyword → 正装白T

Trend → 職場の服装の多様化、白Tシャツ専門店の登場

and
or

感動
胸熱
信じられない → 白Tシャツなのに、透けてない!
爆笑 → ウケるw こんなに楽しくて役立つTシャツ、今までなかった!
カッコイイ → オシャレ!
カワイイ
ヒドイ
啓発
物議
セクシー

CHAPTER
5

> CHAPTER 5 「PR思考」の活用例 成功事例アレコレ

>> INTERVIEW

川辺洋平
（Yohey Kawabe）

[Profile]
透けない白T製作委員会代表、株式会社アールCEO、クリエイティブディレクター、イラストレーター。株式会社電通を経て独立。特定非営利活動法人（NPO法人）こども哲学・おとな哲学 アーダコーダ代表理事も務める。

○乳首の透けない白Tが生まれたワケ

「自分が欲しい」と思ったので、作ったまでなんです。そうしたらビジネスにまで成長してしまいました。予想以上の反響で、素直に驚いています。NPO法人の活動で白いTシャツを着ることが多く、前から乳首が透けることが気になっていました。ある日Facebookで、白Tから透けている自分の乳首の写真をアップして、「透けない白Tを教えて下さい」って投稿したら、「自分も困ってる」「探してるけど見つからない」というコメントがたくさん付いたんです。

「ないなら作るか」と、大学生がサークルのTシャツを作るノリであちこちに電話をしてみたのですが、求めている白Tは作れないと言われてしまいました。と言うのも、従来の白Tは、生地も仕立ても「下着の延長線」で作られているからなんです。

中には分厚い生地の白Tもあるのですが、2点問題がありました。1つは、生地が分厚いぶん、襟も太いデザインで、カジュアルになりすぎてしまう点。もう1つは、分厚い生地なので乳首の色は透けなくなるけど、生地が柔らかいので乳首のカタチが出てしまうという点で

す。それでは意味がないですよね。既成品ではこの乳首問題を解決できないことがわかったので、「ならば生地作りからやってみよう」ということになりました。そのくらい、どうしても欲しかったんです。結果的に、新規事業を立ち上げることになりました。

○心の中に感情リストを持つべし！

新規事業や新商品・サービスの開発を成功させるには、自分が「楽しい」と思う気持ちを大切にしないと絶対にうまくいきません。そういう意味で言えば、僕の心の中には、本書で言う「感情トリガー」の10の感情リストみたいなものが、最初からあるんだと思います。「これをやってみたい、やってみよう」というちょっとしたアイデアが浮かんだ初期段階で、この感情リストにいくつかチェックが入れば、世に出したときにも基本的にバズる。

むしろ、この感情リストにチェックが入っていなければ自分で事業を起こそうなんて思わないし、もし義務でやっているだけで、チェックが入っていないならやるべきじゃない。絶対に続かないし、自分がワクワクしていないものに、他の人がワクワクするはずないですよね。この感情リストを常に心の中に置いておく、それがPR思考で事業を立ち上げるということにつながると思います。

○新規事業に必要なのは「ヒマ」

**感情トリガー
（10の感情リスト）**

感動
胸熱
信じられない
爆笑
カッコイイ
カワイイ
ヒドイ
啓発
物議
セクシー

問題は、感情のチェックボックスが入ったあと、本当に行動にうつし、やりきれるかどうかです。乳首が透けない白いTシャツなんて、アイデアだけなら100人くらいは思いついているはず。そんな中、どうし

て僕がこのアイデアを具現化できたというと、「ヒマ」だったからです。これは冗談でも何でもなく、「ヒマ」が許されてないと新規事業はポシャると思っています。新規事業を成功させるには、期限や売上目標などの課題を設けちゃダメなんです。それよりも、いつまでも好きなことをやっていいという「ヒマ」を許すことが大切。ヒマがあると、人は基本的に楽しいことでヒマをつぶそうとします。

楽しいことを追求しているうちに、やがて「この楽しいことを他の人にも伝えよう」と広がりを見せるんです。せっかく感情のチェックボックスにチェックが入っても、ヒマがないと新しいものは何も生まれません。ダイソンもMacも、誕生の契機が事業者の「ヒマ」にあったことは有名です。

◯1人で抱えたらPRはうまくいかない

感情リストにチェックが入って、ヒマなときに生まれた新規事業のタネが無事に芽を出したら、あとは人に相談したり、任せることが重要だと思います。実は「正装白T」というネーミングは僕が付けたのではありません。「このアイデアに名前を付けたい」という人が現れたので任せました。僕は乳首が透けない白いTシャツが欲しかっただけで、名前は正直何でもよかったんです。

一方で、この白Tに興味を持っている人ならば、「こういう名前の商品だといいな」というイメージを持っているはず。だったら、

正装白T

そういう人に決めてもらったほうが良い商品名になりますよね。だから芽が出たら、「他者の視点」を入れたほうがいい。1人で抱えたら、PRはうまくいかないと思います。

○自分の感情に素直に！

　僕は、100％楽しく生きています。楽しいかどうかが、生きていくうえでの基準なんです。それが事業につながることもあれば、事業にはならないけど、楽しいので続けているということもあります。この関心を深めよう、この問題を解決しようと思うのもいいですが、事業者なら、まずは「自分の感情が動くかどうか」を最初に確かめることをオススメします。

　え？乳首透ける問題の「次」に気になっていることですか？「走っているときに乳首が擦れる問題」にも興味があったんですが、たくさん走ると乳首が強くなって、痛くなくなることがわかったので、商品開発はせずに肉体改造をすることにしました。文字通り、血のにじむ努力でこの問題は解決しちゃいましたね（笑）。

透けない白T製作委員会のみなさん

> CHAPTER 5 「PR思考」の活用例　成功事例アレコレ

No. 05　［事例④ 採用活動に活かす］
国際自動車（kmタクシー）「ありのまま採用／仮面就職」

事例紹介

» Background －背景－

タクシー業界は「中途入社」が当たり前で、高齢化が加速しているという課題を抱えていた。国際自動車の約4800人のタクシードライバーの平均年齢も52歳。60歳以上が約3割を占めていた。今後押し寄せるであろう少子高齢化と労働力不足の波を乗り切るには、若い人材の確保は必須。危機感を覚えた同社では、2010年から先駆的に新卒採用を開始した。しかし、同年の新卒採用者数は1人。このままではダメだと、2012年秋に採用の抜本的改革に着手した。

» Idea －アイデア－

社内の貴重な若手人材を集めた採用チームを発足させ、学生へのヒアリングを重ねた同社は、エントリーシート（履歴書）の直筆記入や筆記試験の存在が、学生にとって大きな負担になっていることに気づく。そこでそれらを全廃し、採用方針を「面接のみ」に大転換した。

2014年秋からは、同採用方法を「ありのまま採用」と名付け、企業側も学生側も、お互いが緊張せず"ありのままの自分"で本音トークができるよう、役員面接を対面式から座談会式に刷新（図10）。

2015年1月からは新採用方針「仮面就職」もスタート。「夢を追いかけたい人」や「やりたいことが見つからず就職をあきらめてしまった人」のために、「フリーター」を選択するのではなく、「正社員」としてキャリアをスタートさせ、「夢や、やりたいことを応援する」という前代未聞の採用企画だ。

» Result －結果－

2010年に1人だった新卒採用者数は、14年に100人を突破し、15年111人、

16年84人、17年143人と、順調に数を伸ばしている。

若い人材の獲得により、全社の雰囲気は以前より明るく、活気に満ちたものに変化した。同時に、積極的な採用活動がメディアで多数取り上げられ、社員の誇りや自信にもつながっていると言う。

図10 ありのまま採用

「ありのまま採用」の特徴

「ありのまま採用」の3つの採用方針

「ありのまま採用」
https://www.km-recruit.jp/special/arinomama/

● 国際自動車の事例から学べるもの

　国際自動車は、なぜこんなにも「攻め」の採用活動ができたのでしょうか。

　ポイントは、コミュニケーションターゲットである新卒就活生の声に真摯に耳を傾けることで、就活生の抱える大小様々な「問題」に気づき、**同社が取り組めることを次々に実行していった点**にあります。

　多くの企業は、彼らが抱える「就活で自分を出し切れない」「自分のやりたいことがまだ見つからない」といった問題に気づきながらも、従来の採用フローを変えてまでその問題に取り組もうとは考えません。しかし同社は、自らタクシー業界に対するマイナスイメージを自覚し、若手社員からトップまでがその現状を打破しようと、覚悟を持って実行したのです。**「自虐」を逆手に取った、勇気ある挑戦**です。

　P.126のインタビューで詳細が語られていますが、同社の川田政さんは「採用は結婚と同じで、お互い"ありのまま"の姿を見せ合い、惹かれ合うかどうかが大事」と話します。その言葉通り「ありのまま採用」をはじめとし、正社員として働きながら夢を追いかけてもらう「仮面就職」、2017年にはありのまま採用をさらに進化させた新採用方針「すっぽんぽん採用」もスタートさせています（図11）。

　ともすると、企業はとびきりの一案を生み出し、その一案を強い意志で実行し続けることを重視しがちですが、「PR思考」で考えるとそうとも言いきれません。

　なぜなら、世の中は「移り気」だからです。**今は反応してくれても、明日は、1週間後は、来年は、同じような反応をしてくれるとは限りません**。「そのとき」世の中が抱えている問題や関心は何なのかを鋭敏に感じ取り、それに合致する取り組みを次々とスピーディに実行している同社の姿勢は素晴らしいと思います。

　また、その取り組みの名付け方も秀逸でした。特に「仮面就職」は、

すでに世の中にある「仮面浪人」という言葉をもじった名称なので、世の中の人が耳にしたときに「こういう意味だろう」と理解する速度がとても早く、印象に残りやすい。このように**コミュニケーション速度が高い名前を付けることは、PRではとても重要**になります。P.124の図12では、ありのまま採用や仮面就職の取り組みを「コアアイデア創出・検証フレーム」で紐解いているので、こちらも参考にして下さい。

図11 仮面就職／すっぽんぽん採用

「仮面就職」
https://www.km-recruit.jp/special/mask/

「すっぽんぽん採用」
https://www.km-recruit.jp/shinsotsu/supponpon/

> CHAPTER 5 「PR思考」の活用例 成功事例アレコレ

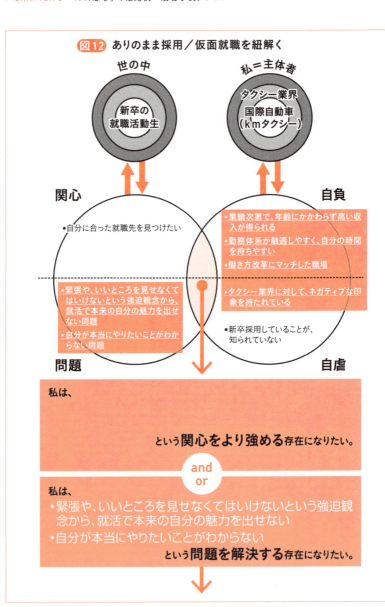

どうしたら、そうなる?

- 緊張も背伸びもしなくていい、ありのままの自分を出せるような、全く新しい採用方法を導入する
- やりたいことがわかるまでの間だけでも、正社員として雇用する

アイデアを文章で表そう!

- ありのままOK! 学歴不問、筆記試験なし、面接重視の全く新しい採用方法をスタート!
- 本当にやりたいことが見つかったら、卒業OKの新採用方針登場! フリーターにならずに、正社員として働こう!

このアイデアは、何て呼ばれるといい?

- ありのまま採用
- 仮面就職

世の中の反応を2つの視点でチェックしよう!

Inverse	→ 就活なのに、自分を大きく見せないでいい/仮面でOK
Most	→ こんな採用方法、聞いたことない
Public	→ 売り手市場の就職戦線/フリーター問題
Actor / Actress	
Keyword	→ ありのまま採用/仮面就職
Trend	

感動	
胸熱	→ じっくり自分の話を聞いてくれた!
信じられない	→ 就活なのに、仮面でいいの!?
爆笑	
カッコイイ	
カワイイ	
ヒドイ	
啓発	→ 就活仲間に教えよう!
物議	
セクシー	

> CHAPTER 5 「PR思考」の活用例 成功事例アレコレ

>> INTERVIEW

川田政
Masashi Kawada(左)
国際自動車株式会社
執行役員 人財採用研修担当

青木雅宏
Masahiro Aoki(右)
国際自動車株式会社
管理部 人財採用課 係長

○採用大改革のヒントは学生にあり！

川田氏:少子高齢化、労働力不足が進む中、人材を確保し続けていくためには、タクシードライバーが新卒の人に選択してもらえるような職業にならなければ、会社が存続できなくなるという危機感がありました。2010年から新卒採用を開始しましたが、中途採用とは対象も狙いも異なるので、最初は苦労の連続でした。説明会や選考会を開いても当日キャンセルが相次ぎ、事前の参加希望者人数に満たないんです。当時、新卒採用はもう売り手市場になりつつあり、学生にとって説明会や面接のキャンセルが普通のことになっていました。

その数を少しでも減らしたいと学生に話を聞いたところ、「履歴書を途中で書き間違えてしまい、最初から書き直すのが面倒になったのでキャンセルした」「筆記試験対策が間に合ってなかったので行かな

かった」などの要因が浮かび上がってきました。そんなに高いハードルになるなら、いっそ廃止して面接を重視しようと方針を大きく転換しました。それで誕生したのが、学生側も企業側も、ありのままの自分を見せ合い、本音で語り合う「ありのまま採用」です。

青木氏：学生の「ありのまま」の魅力を出してもらうために、役員面接も対面式から座談会形式に変更しました。役員と学生が交互に円のように座るんです。司会役の社員がその場で質問をするのですが、学生だけでなく役員も同じ質問に答えます。「うちの会社の好きなところは？」とか。もちろん、事前に内容を教えないので、役員もドキドキしています。でも、学生と同じ気持ちになることで、雰囲気はアットホームになりますよね。役員面接なのに笑いが絶えないですよ。

○通常の方法では学生に届かない！
　強インパクトでニュースに！

川田氏：「仮面就職」は、大学に在学しながら他大学への合格を目指す「仮面浪人」に着想を得て名付けました。大学卒業生の約1割がフリーターになるというデータを見て、惜しいと思ったんです。中には「や

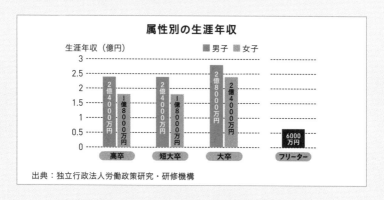

りたいことが見つからない」「やりたい仕事につけなかった」という理由で、フリーターを選択する方もいらっしゃるでしょう。でも、ある調査によると、大卒者の生涯賃金（退職金除く）は男性で2億8000万円、女性は2億4000万円。一方で、フリーターは6000万円で、その格差は約1億8000万円〜2億円以上です。そこで、当社で正社員として働きながら、本当にやりたいことを見つけたり、夢を追いかけてほしい、として始めたのが「仮面就職」です。もちろん社内で反対もありました。お客様の命を預かる仕事なのに「仮面」でいいのか、と。

青木氏：それだけ名称の「インパクト」が強かったということだと思います。でもタクシードライバーって、まだまだ何もせずに興味を持ってもらえるような職種ではないと思っていたので、まずは就活生や世の中を振り向かせて、知ってもらうことが必要でした。それには「仮面就職」という、インパクトの強い言葉がどうしても必要だったんです。

川田氏：まず社長を説得しました。「仮面就職」は人材確保のためのアイデアですが、同時に「フリーター」という社会課題に対して、企業として多少なりとも貢献できるアイデアだと思っていました。その意義の大きさと、そのために必要なインパクトの強さについて説いたんです。その熱意が、社長にも伝わったのだと思います。最後はトップダウンで「やろう」ということになりました。

青木氏：就職活動に積極的でない学生って、こちらがいくら就活サイトに情報を載せたところで、全く見ていません。通常の方法では、採用情報を届けられない層なんです。その人たちが見ているところに、こっちから入り込んでいく必要がありました。

　だからこそ、就活サイトじゃないところ、例えばネットニュースとかソーシャルメディアで取り上げられる工夫が求められました。

川田氏:「仮面就職」をスタートさせると、ほどなくして「まとめサイト」でまとめられたり、ネットニュースで取り上げていただきました。すると、「ネットニュースで見た」と言って、全く就職活動をしていなかった金沢大学（石川県）の子が、わざわざ東京まで1泊2日で受験に来てくれたんです。彼、今では100人のグループをまとめる班長ドライバーの1人として、当社で活躍してくれています。

○親や大学就職課を味方にする！

川田氏:課題は、新卒就活生の周りにもありました。職業選択に多大な影響を与える親御さんや、大学のキャリアセンター（就職課）の方が、当社への就職を反対する、ということが起きたんです。

青木氏:タクシードライバーに対して、あまりいいイメージを抱いていらっしゃらなかったのだと思います。でも、きちんと見てさえいただければ、当社のしっかりとした部分を理解していただけると思いました。そこで、学生のみなさんに向き合うように、親御さんやキャリアセンターのみなさんにも真摯に向き合おうと思ったのです。

川田氏:そこで、まず内定者のご家族向けにオープンカンパニー（会社説明会）を実施することにしました。60人の内定者に告知したら、20組以上のご家族から参加希望があって、関心の高さに驚きました。その反

青木 雅宏 氏

オープンカンパニーの様子

響を受けて、2015年9月からは毎月1回開催しています。大学訪問も積極的に行っていて、社長や専務、OBOGの若手ドライバーと一緒に、昨年は関東圏の120〜130校を訪れました。2017年は、大学のキャリアセンター長向けにもオープンカンパニーを開催しました。こういった取り組みを経て、今では大学側も非常に協力的です。

○「変化」が「次の変化」へのモチベーションに！

川田氏：我々は、ゼロからというよりも、マイナスイメージからスタートしていると思っているので、PRの力はとても大切だと思っています。企画・広報室とも連携し、この採用プランに大義があるか、メディアにも注目してもらえるようなインパクトがあるか、世の中のみなさんに楽しんで見てもらえるか、ということを常に考えていました。世の中にお手本はたくさんあります。他業界でも、参考にできる取り組みは多いですよ。今は「うどんvsそば」のような対立構造をお手本に、新しいプランを練っているところです（笑）。

青木氏：世の中が当社やタクシードライバーという職種をどう思っ

ているかを冷静に見られているとしたら、それは、新卒採用の社員たちのおかげです。これまでは、若い人たちの考え方や価値観を得にくかったのですが、彼らが入ってきてくれて、耳を傾けやすくなりました。結果、自分たちがネガティブなイメージを持たれていることも認識できたし、どうしたらそれを払しょくできるかのアイデアを、新しい考え方ができる若い人たちと一緒に考えることができています。

　他にもいい変化がありました。それは、タクシー営業所などの現場が明るくなったことです。最初のころは、新卒組はペーパードライバーがほとんどだし、社会常識もなく、「育成するのに手間がかかる」と現場からのブーイングも多かったんです。でも、今ではキャリアドライバーが、新卒組を自分の子どものようにかわいがってくれ、以前より活気に満ちています。今、僕たちは「変わるべきとき」なのだと思います。すでに確実に変化を実感してますし、その積み重ねが、次の一手を考えるモチベーションにもつながっています。

川田氏：積極的な採用企画を始めてから、いろいろなところでkmタクシーのニュースを見たよ、と声をかけてもらえるようになりました。現場からも、お客様から言われたといった話をよく聞きます。みんな「いや、大したことないですよ」と言いつつ、うれしいんです。誇りに思っていると思います。こうやって、社員全員が誇りに思う職業、会社になっていきたいですね。PRの効果はこういう部分にも出てきていると思います。これからもどんどんkmタクシーのファンを増やしていきたい、そう思っています。

川田 政 氏

> CHAPTER 5 「PR思考」の活用例 成功事例アレコレ

COLUMN 「競争優位」と「情報優位」

　ベジフルファームが提唱した「メタル社歌」から派生した「面白社歌」や、国際自動車（kmタクシー）が提唱した「ありのまま採用」という言葉は、メディアの影響力もあり、やがて一般ワードとしても使われるようになりました。つまり、「面白社歌」や「ありのまま採用」は、「社会現象」を表す言葉になった、ということです。

　その他にも、社会現象を表す言葉には「婚活」「朝活」「菌活」「草食系男子」「リケジョ（理系女子）」などがあります。みなさんも聞き覚えがあるのではないでしょうか。

　このように、世の中の一定のコミュニティが抱える「関心」や「問題」が、あるキーワードによって顕在化され、社会現象化する場合、「情報優位」という概念が重要になります。

　「情報優位」とは、生活者が入手することができる「情報の量と質」において、優位な状態にあることを指します。

　一方、実際の「売上金額や流通量」などの競争において優位な状態であることを、「競争優位」と表現します。

　例えばニュースなどでは、国際自動車以外の企業も含め、入社後のミスマッチを防ぐための工夫を凝らした様々な採用方法を包括して「ありのまま採用」と呼んでいます。「ありのまま採用」そのものが盛り上がることは重要ですが、その中で別の企業が「その代表格」だと認識されてしまうのは、とてももったいないですね。そこで国際自動車では、サイト情報を充実させるなどして、国際自動車の「ありのまま採用」に関する情報がGoogle検索で一番にヒットするよう努力しています。つまり、

世の中の「ありのまま採用」の代表選手が国際自動車であると認識してもらう（＝「情報優位」の地位を保つ）べく、力を尽くしているわけです。

　別の例も考えてみましょう。例えばチョコレート業界で、A社という企業が年間売上で「競争優位」な状態にあるとします。ライバルのB社は、チョコレート市場で存在感を発揮しにくい状態です。でも、B社がバレンタインを見据え、「今年トレンドになっているバレンタインギフトの選び方・贈り方」についての豊富な情報をWeb上に用意し、人気を集めたらどうなるでしょうか。生活者が今年のバレンタインのトレンドを調べようとWeb検索すると、「B社の情報にたどり着く」という状態（＝情報優位な状態）を作り出すことができます。つまり、「競争優位」にかかわらず存在感を発揮できるようになるのです。

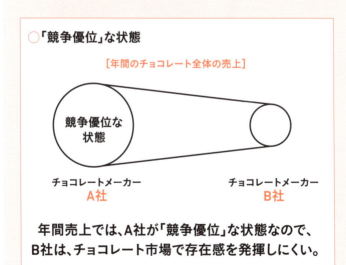

○「競争優位」な状態

［年間のチョコレート全体の売上］

競争優位な状態

チョコレートメーカー A社　　　チョコレートメーカー B社

年間売上では、A社が「競争優位」な状態なので、B社は、チョコレート市場で存在感を発揮しにくい。

> CHAPTER 5 「PR思考」の活用例 成功事例アレコレ

　このように、売上金額や流通量で2位以下の企業でも、その分野に関する「情報量や質」で1位になって「情報優位」な状態を作れれば、大きな存在感を発揮できます。ひょっとしたら「競争優位」な状態に転換できる可能性も出てくることでしょう。また、1位の企業は「情報面」でも一番詳しい状態を目指し続けなければなりません。

○「競争優位」な状態

[今年トレンドのバレンタインギフトの選び方・贈り方に関する情報]

情報優位な状態

- 新バレンタイントレンド 友チョコ・逆チョコ
- 笑える義理ギフトのまとめ
- バレンタインギフト市場の推移
- バレンタインにギフトを贈りたい著名人ランキング
- バレンタインの由来や歴史、傾向

競争優位な状態

チョコレートメーカー A社　　チョコレートメーカー B社

バレンタイン時期にB社が
「今年トレンドのバレンタインギフトの選び方・贈り方」に
関する「情報優位な状態」を作り出せると、
生活者が調べたとき、
B社の情報にたどり着く。

バレンタインギフトの情報網においてB社が存在感を発揮するので、
生活者の中に「バレンタインギフトと言えばB社」の構図ができる。
この構図をキープできれば、実競争にも好影響を与えることができる。

CHAPTER 6

「PR手法」のキホンのキ

01 世の中との「接点」強化に決まりはない！
02 「パブリシティ」は基本かつ重要！
03 絶対押さえておきたい「PR手法」の代表例
04 「パブリシティ・チェッカー」で要素を確認しよう！

No. 01 世の中との「接点」強化に「決まり手」はない!

　本章では、「エクリプスモデル」などを使って考え出した「PR思考」に基づくアイデアや情報を、「どのように世の中(コミュニティや属性)に届けたらいいのか」について考えていきます。

　第2章において、PRでまずやるべきことは、「私(自社・自ブランド)」と「世の中(コミュニティや属性)」が、どのような「関心」「問題」でつながっているか、その「接点」を発見することだと述べました。その接点を強化すれば、やがてそれは「点」ではなく「面」となり、世の中との関係もより深まっていきます。

　「考え出したアイデアを世に届ける」という行為は、すなわち「接点を強化する」という行為に他なりません。

　実は、接点を強化する方法に、特に「決まり手」はありません。実際、第5章で紹介した各社も、様々な方法で接点の強化を試みています。例えばベジフルファームでは、「メタル小松菜」を売り込むために、メタル社歌『小松菜伐採』のCDを発売しました。国際自動車(kmタクシー)では、キャリア入社(中途採用)向けに、「オールナイト説明会」というイベントを実施しています。仕事を終えてからでも参加できる「金曜日の22時から土曜の朝5時」に設定した同説明会は、タクシードライバーの仕事を生で見学し、タクシードライバーご用達の店で一緒にラーメンを食べたり、営業所にある銭湯ばりの大浴場を体験してもらうといった内容で、新卒向けにも実施を計画中とのことです。

　このように、世の中の好反応を引き出し、良い関係を構築するためなら、原則「何をしてもよい」のです(図1)。

　接点の強化にあたり、何らかのキャラクターを作ったり、他の企業

とコラボレーションしたりという手法が有効な場合もあるでしょう。広告やメールマガジンも、接点を強化するための手法の1つです。

さらに、PRのベーシックな活動である「パブリシティの獲得(メディアにニュースとして掲載・報道してもらうこと)」も、当然ここに含まれます。本書のイントロダクションにおいて、「PR手法」とは「パブリシティを獲得するための手段や技のこと」と定義しましたが、**特にこのパブリシティは、世の中との関係構築において基本かつ重要な項目**です。そこで、次節以降で詳しく説明していきます。

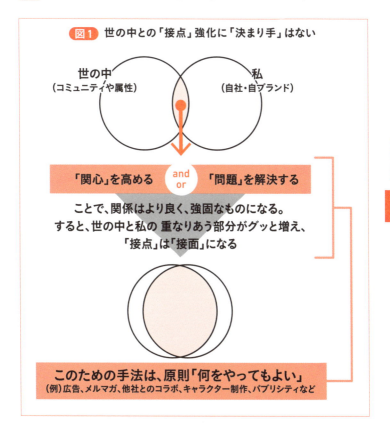

No. 02 「パブリシティ」は、基本かつ重要!

　ここからは「パブリシティ（企業や団体が経営施策や商品・サービスといった情報をメディアに提供することで、ニュースとして掲載・放送されること）を獲得するための手段や技」＝「PR手法」について考えていきましょう。

　パブリシティがなぜ世の中との関係構築において重要かと言うと、パブリシティ獲得によって「私」に関する情報が世の中レベルで共有化されるので、**コミュニケーションを取りたいコミュニティや属性の反応を促しやすくなるから**です。ひいては、相手の態度や意識にまで、何かしらの影響を与える可能性も高まります。つまり、**パブリシティは関係構築の「ハブ」になる**のです。だからこそ、パブリシティを獲得することは、「私」と世の中とのあらゆる関係構築において、基本かつ重要な活動と言われているのです（図2）。

　パブリシティを獲得するためには、そのアイデアや情報そのものが、そもそも「PR思考」に基づいて考えられていなければいけないことは、ここまで繰り返しお話してきました。

　しかし、せっかくの「PR思考」に基づいたアイデアや情報でも、**メディアに受け入れられやすい「カタチ」になっていなければ、パブリシティにつながらない**ということもありえます。

　メディアも「人」が運営しているので、メディアによって、はたまた一人ひとりの記者によって、特性も違えば好ましいコミュニケーションの取り方も異なります。これを熟知することが、パブリシティにつなげる第一歩です。次節で、その代表的なやり方を紹介していきます。

図2 様々な関係性とパブリシティの意義

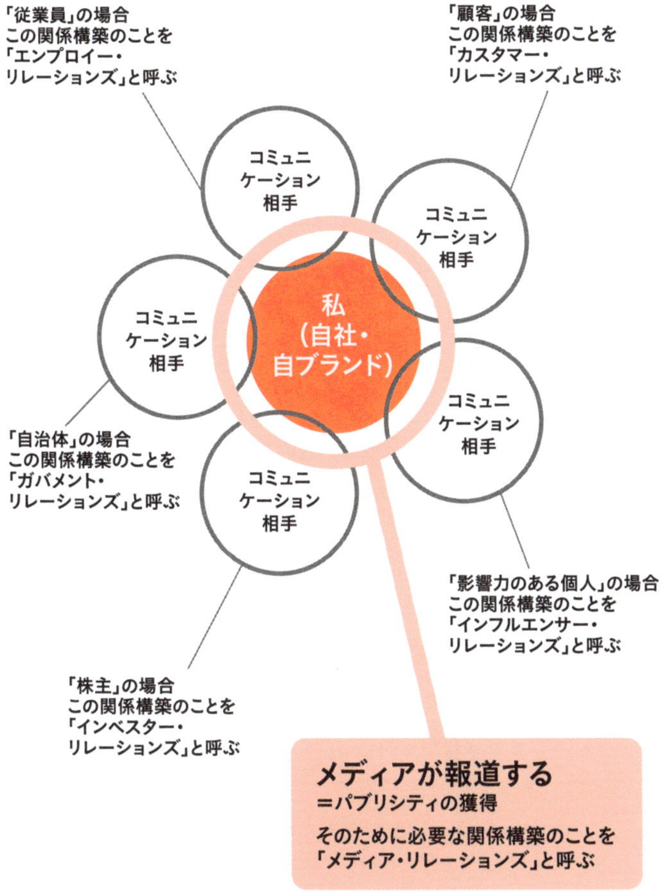

「従業員」の場合
この関係構築のことを
「エンプロイー・
リレーションズ」と呼ぶ

「顧客」の場合
この関係構築のことを
「カスタマー・
リレーションズ」と呼ぶ

コミュニケーション相手

コミュニケーション相手

コミュニケーション相手

私
(自社・自ブランド)

コミュニケーション相手

「自治体」の場合
この関係構築のことを
「ガバメント・
リレーションズ」と呼ぶ

コミュニケーション相手

「影響力のある個人」の場合
この関係構築のことを
「インフルエンサー・
リレーションズ」と呼ぶ

「株主」の場合
この関係構築のことを
「インベスター・
リレーションズ」と呼ぶ

メディアが報道する
＝パブリシティの獲得

そのために必要な関係構築のことを
「メディア・リレーションズ」と呼ぶ

パブリシティの獲得は
様々な関係構築の「ハブ」となる!

CHAPTER 6

> CHAPTER 6 「PR手法」のキホンのキ

No. 03 絶対押さえておきたいPR手法の代表例

● 基本は「ニュースリリース」

「PR手法」も様々なやり方があります。図3は、「標準装備」として押さえておきたい代表的なPR手法の一覧です。

PRパーソンにとって最も身近な手法は**「ニュースリリース」**でしょう。知らない人のために解説しておきましょう。

メディアに「私(自社・自ブランド)」のことを知ってほしいと思ったときに、いきなり電話をしたり訪問したりしても、なかなか相手にしてはくれません。まずは新商品・サービスの概要や開発の背景をまとめることが必要で、それがニュースリリースです。

そのリリースに興味を持ってくれたメディアがあれば、追加の問い合わせなどにスピーディに応対することで、ニュース報道につなげやすくなります。

とは言っても、**実際ニュースになるのはほんの一握り**です。メディアの手元には毎日何十通、何百通ものリリースが届くので、**よほどの「ネタ」でないと、なかなか目に留まらない**からです。

よほどの「ネタ」に仕上げるには、前章までで紹介してきた「PR思考」をフル回転させることが求められます。もし「いくらニュースリリースを出しても、全くパブリシティにつながらない」という悩みを抱えている人がいたら、書いてある中身を見直し、「PR思考」で組み立て直してみて下さい。**「PR思考」で組み立てた「いいネタ」を、メディアが慣れ親しんでいる定型の「カタチ」に整えて届ける。**これがパブリシティ獲得の基本です。

図3 PR手法の代表例

名称	概要
ニュースリリース (プレスリリース、 リリースとも呼ぶ)	トップ人事や合併、新規事業、新商品開発・発売など、企業活動で発生するニュース素材をメディアに知らせるために、その内容を簡潔にまとめた文書。ニュースリリースに掲載する内容は、**原則として未発表情報**が対象になるため、発表の際は発表日時を正確に決め、どのメディアに向けても、分け隔てなく一斉に情報解禁する必要がある。ニュースリリースには、必ず盛り込むべき内容やならうべき書式など、一定のルールがある
ファクトブック (報道用基礎資料 とも呼ぶ)	企業の持つ技術や商品・サービスの特性や、開発背景、開発者情報などの客観的事実(ファクト)をまとめた資料。ニュースリリースと異なり、既存情報や深掘り情報のまとめであることが多いので、一斉に情報解禁する必要はなく、興味を抱いてくれそうなメディアに送付したり、個別プロモートの資料として活用されるケースが多い
記者発表会	トップ人事や合併、新規事業、新商品開発・発売など、企業活動に動きがあったときに、メディアに案内を出して集まってもらい、その内容を発表し、詳細を説明する場。**原則として未発表情報が対象となり、ニュースリリースを同時解禁する**
メディアキャラバン	企業のPR担当者が、複数のメディアをある期間に集中的に訪問し、記者や編集者に対して、新商品や新サービスに関するプレゼンテーションや情報提供を行うこと。 ※「キャラバン型」をとっているのは企業側の都合であり、メディア側から見れば、個別訪問にあたるので注意が必要
個別プロモート	企業のPR担当者が、メディアの記者や編集者に直接会って、新商品や新サービスに関するプレゼンテーションや情報提供を行うこと。メディアごとの傾向や特性を踏まえて、担当商品やサービスがどのような文脈なら受け入れられやすいかを想定し、それに合わせて個別にニュース素材を用意することが重要

> CHAPTER 6　「PR手法」のキホンのキ

No. 04　「パブリシティ・チェッカー」で要素を確認しよう!

● リリース情報には3つの要素が必要

「PR思考」に基づいて考えたアイデアや情報を、「PR手法」にのっとってメディアにうまく伝えるには、前節で紹介したニュースリリースなど、メディアが慣れ親しんでいる定型のカタチ、つまり正しい「手段」を選択する必要があることはお話しました。ここでは、その「手段」の効果を最大化するための「**技**」も押さえておきましょう。

ニュースリリースやファクトブックに掲載する内容や、記者発表会、メディアキャラバン、個別プロモートで説明する内容をパブリシティにつながりやすくするためには、その内容が次の3つの要素を含んでいるかどうか、というチェックが不可欠です。これが筆者が推奨する「**パブリシティ・チェッカー**」です（図4）。

・エビデンス
・モノ
・ヒト

言い方を変えれば、メディア向けの資料は、いくら長々と書いたとしても、**内容にこの3つの要素が含まれていなければ、パブリシティにつながる可能性が弱くなってしまう**ということです。

もちろん、要素を満たしていなくてもニュース化することはありますが、打率を少しでも高めるには、この3つの情報が入ってるかどうかを必ずチェックするようにしましょう。

図4　3つの要素からなる「パブリシティ・チェッカー」

エビデンス

- 現象を生む社会の流れ
- 現象を裏付ける数字、研究

（例）
法改正、公的データ、
調査・研究・
セールスデータ etc...

Point

- 社会の動き（法改正、社会トレンド等）があると、ニュースの導入になりやすい
- 自社調べのデータだけでなく、市場全体を俯瞰して見せられるような外部のデータも準備しておく
- トップメーカーの場合、自社としての市場予測や分析も情報価値がある

モノ

- 現象を象徴する商品・サービス、現象の具体例

（例）
場所、商品、レシピ、
画となる具体例etc...

Point

- メディアは中立であるため、原則として3つの具体例を並べることが多い
- 提供した情報が全て採用されるわけではないことを考慮し、可能な限り多く、様々な切り口で集めておくとよい
- 同じ市場の「モノ」だけで考えない
- 商品そのものでなくてもよい

ヒト

- 現象の体現者
- 現象の語り部

（例）
現象の体現者
（生活者、
インフルエンサー）、
現象の語り部
（専門家、専門メディア、
企業担当者）etc...

Point

- 報道では、企業色の薄い第三者（生活者、インフルエンサー、専門家等）が優先されるため、社外の語り手（取材先）を探しておくとよい
- 企業担当者のコメントになる場合は、複数社に取材するケースが多いため、自社の特色を事前にまとめておく

● エビデンス・モノ・ヒトは「コト」の構成要素

このパブリシティ・チェッカーは、メディアによるニュース報道が、どのような要素から成り立っているのかを筆者が「因数分解」して導き出したものです。ニュースでより深く掘り下げて紹介してもらうほうが、より「私（自社・自ブランド）」に関する理解が深まると考え、新聞の生活面やテレビ番組の特集などを分析したのです。その結果、**メディアに取り上げられるニュースの多くは、「エビデンス・モノ・ヒト」の3要素に分解できる**ことがわかりました。

この3要素を持つ記事や放送で、いったい何が紹介されているかと言うと、「コト」、すなわち**「社会現象」**です。

図5はある新聞記事のイメージですが、『今年のチョコレートトレンドは"健康"』という「社会現象（コト）」について書かれています。その「社会現象」の説明として、「エビデンス」として市場データとA社の売上数字、B社の増産態勢の事実に触れ、「モノ」としてA社・B社・C社のチョコレート商品、「ヒト」としてA社の開発室の写真と、開発担当X部長のコメントを紹介しています。

こういったニュースになることから逆算して、「エビデンス・モノ・ヒト」の3要素を、あらかじめニュースリリースやファクトブック、記者発表会のプレゼン内容に含んでおくことが重要です。

そもそもニュースは、「企業を宣伝するため」に存在するのではありません。その企業の発言や行動（経営そのものや商品、サービスを含む）によって、「人々の生活にどのような影響があるのか」「どのような変化が起こるのか」という**「社会現象」をメディアは追いかけ、報道しています。**

ということは、逆に言えば、企業の発言や行動が「社会現象」を構成する要素になっていれば、報道される機会は増える、つまりパブリシティ獲得につながりやすくなるというわけです。

図5 コト（社会現象）を構成するエビデンス・モノ・ヒト

☐＝エビデンス　☐＝モノ　☐＝ヒト

チョコの季節
今年のキーワードは健康

チョコレートがおいしい季節がやってきた。最近は、"健康志向"のチョコが主流になりつつある

国内の菓子市場は横ばいだが、チョコは成長を継続している。シニア層が牽引しているのだ。総務省の調査によると、シニア層のチョコ支出額は1.5倍に増えている。

A社の開発室

A社は今年9月、トクホのチョコレート「○○」を発売した。

脂肪と糖の吸収を抑えるので、女性から人気で、当初計画の3倍以上を売り上げている

チョコの市場推移

A社の開発担当X部長は、「健康志向と同時においしさを実現した」と話す。

一方、B社は抗酸化作用があるポリフェノールを豊富に含む「○○」を展開。販売好調で、9月から増産態勢を整えている。

C社では、整腸作用のあるチョコ「○○」を販売しており、人気だ。

価格競争でなく、付加価値をつけることで低価格化を防ぐこともできる。健康志向チョコはさらにブームになりそうだ。

> CHAPTER 6 「PR手法」のキホンのキ

COLUMN パブリシティ・チェッカーのポイント

　パブリシティ・チェッカーで、ニュースリリースやファクトブックなどの中身などをチェックする際は、エビデンス・モノ・ヒトが、「私(自社・自ブランド)」に関する情報ばかりで埋められていないか、という視点でも検証しましょう。

　元を正せば、その中身は「PR思考」で考えられているアイデアや情報のはずです。

　よって、「私」だけじゃなく、「世の中」(あるコミュニティや属性)のことに目を向け、その「関心」または「問題」に関することも一緒に書かれるはずなのです。

　もしメディア向け資料を書き上げ、「パブリシティ・チェッカー」に照らし合わせてみたときに、「私」の情報ばかりになっているのだとしたら、せっかく「PR思考」で考えたことが無駄になっているということです。それは残念すぎますよね。

　ただその一方で、「私」の公式文書であるニュースリリースに社外のデータや商品、人など、「世の中」の情報までは盛り込めない、ということもよくある悩みです。

　そういうときは、「世の中の関心や問題」は別紙にまとめ、頭の中に入れ込んで、個別プロモートする際などにその情報を活用するようにして下さい。

　それだけでも、結果はかなり変わってくるはずです。

CHAPTER 7

デジタル時代のPR手法

01 デジタル化でPR手法も「拡張」する!
02 デジタル時代の「郷」に従うべし!
03 ダイレクト
04 モーメント
05 タイム
06 インクルーシビティ
07 ファクト

> CHAPTER 7　デジタル時代のPR手法

No. 01　デジタル化でPR手法も「拡張」する!

　第6章では、「PR思考」に基づいて考えたアイデアや情報を、「PR手法」にのっとって、メディアにうまく伝えるための「やり方」をお伝えしました。

　しかしデジタル化が進んだ今、いわゆる既存のマスメディア（テレビ、新聞、雑誌、ラジオ）だけを「メディア」と考えていていいのでしょうか。かつては、メディアと言えば「マスメディア」のことを指していたかもしれませんが、今は違います。デジタル化が進んだことで、「私（自社・自ブランド）」の情報は、マスメディアを介して伝わるだけでなく、生活者に「直接」伝わるようになりました。

　さらにはそれが、ソーシャルメディアを介して、**生活者同士で情報が回遊する**ようになっています（図1）。

　つまり現代は、生活者一人ひとりが、マスメディアと同じように情報の受発信機能を持っている「一億総ジャーナリスト社会」なのです。

　ですから、デジタル時代のPR手法では、既存のマスメディアだけでなく、「生活者」という新しいメディア（ソーシャルメディアを含む）のことも、当然考えなければなりません。

　つまり、デジタル化に伴い、**「パブリシティ」の意味も拡張してくる**わけです。

　デジタル時代における「パブリシティ」とは、マスメディアだけでなく**「『生活者』という新しいメディア（ソーシャルメディアを含む）にも『情報発信』してもらうこと」**。そう拡張して捉えることができます。これに伴い、**「PR手法」のカバー範囲も拡張する**ことは言うまでもありません。

図1 デジタル化によって変化した企業と生活者の関係

■従来（マスメディア中心の時代）
「私」の情報が、マスメディア（テレビ、新聞、雑誌、ラジオ）を介して伝わる

■現在（一億総ジャーナリスト社会）
「私」の情報が、生活者に直接伝わるようになり、
生活者同士で情報が回遊する。
生活者一人ひとりが、メディアと同じく「情報受発信機能」を持つ

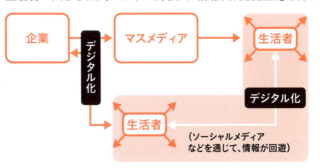

デジタル化によって拡張する「パブリシティ」の意味

＝

マスメディアだけでなく
「生活者」という新しいメディア
（ソーシャルメディアを含む）にも
「情報発信」してもらうこと

> CHAPTER 7　デジタル時代のPR手法

No. 02　デジタル時代の「郷」に従うべし!

　生活者が「メディアと同じ機能」を持つようになったとお話しましたが、あらためてデジタル時代で拡張した「PR手法」の定義についても確認しておきましょう。

　デジタル時代のPR手法とは、**「マスメディアだけでなく、『生活者』という新しいメディア（ソーシャルメディアを含む）にも『情報発信』してもらうための手段や技」**のことだと定義できます。

　では、「既存のメディア」と「生活者という新しいメディア」へのアプローチ方法は、同じでよいのでしょうか。答えは「NO」です。

● 生活者にも特有の慣習がある！

　第6章で、「（マス）メディアも人なので、人によって好まれる方法が異なる」とお伝えしました。と言っても、マスメディアは情報伝達の「プロ」なので、ある程度の規定やコミュニケーションを取るにふさわしい定型のカタチがありました。

　一方「生活者」の場合、「メディア機能」を持っていても、**「自分はメディアである」という意識が薄いことがほとんど**です。

　「仕事」としてメディア機能を持っているわけではなく、メディアとしての訓練も受けていないので、**より自由で、予想もしないような反応を示す可能性がある**わけです。ですから、より「丁寧に」接する必要があります。今の生活者は、デジタル空間を自由に行き来し、その中に存在する情報から「自分が欲しい」と思うものだけを自由に選択・ピックアップし、利用しています。それはもはや、デジタル時代の慣習と言えるでしょう。

「郷に入れば郷に従え」という言葉があるように、デジタル時代のニューメディア、すなわち「生活者」を味方につけるには、**デジタル時代の「郷」に従って、「PR手法」もアップデートする必要があります。**そこで次節から、デジタル時代のPR手法に必要となる5つの視点を紹介していきます。

この5つの視点は、「PR手法」をデジタル時代に適応させるための「ドライバー」となってくれます（図2）。

図2 デジタル時代の「PR手法」を動かす5つの視点

5つの視点で「PR手法」を
時代に適応させ、動かしていく!!

No. 03 〔PR手法を動かすドライバー①〕
ダイレクト

● デバイスとの距離が近くなった!

1つ目のドライバーは「**ダイレクト**」です。デジタル時代になり、「私（自社・自ブランド）」は、生活者と「ダイレクト」にコミュニケーションする機会が増えました。

これに伴い、それまでの「私」と世の中（コミュニティ・属性）との関係構築の手法も、大きく変化しています。

大前提として、デジタル化に伴い、**デバイスを通したコミュニケーション距離が変化したこと**を押さえておきましょう。

「テレビ」を視聴するときを思い浮かべて下さい。少なくとも2メートル程度は離れて、テレビを見ていた家庭が多かったのではないでしょうか。2メートル離れているということは、「他の誰かが一緒に見るかもしれない距離」が、自分とテレビの間に保たれているということです。すると、仮に自分が好きじゃない番組や情報が流れてきても、隣で見ている人に配慮して、「そのまま見続ける」ということが起きます。つまり**テレビ視聴は、自分が好きじゃないコンテンツに対する「許容度」が比較的高い行為**だと言えるのです。

さらに言えば、「**誰かと一緒に見る**」という状態を許容していることも、テレビ視聴の特徴と言えるでしょう。

でも、今はスマートフォン全盛期です。スマートフォンを見るときは、せいぜい10センチ程度しか離れていません。たぶん人類史上、今、最もパーソナルな情報入手空間です。

しかも、ちょっと想像してみて下さい。自分が見ているスマホの画

面を横から誰かがのぞき込んだら、不快になりませんか？それはつまり、テレビとは異なり、スマホを「自分しか見ないもの」と認識していることの証だと思います。

文化人類学者エドワード・T・ホールは、その著書『THE HIDDEN DIMENSION（邦題：かくれた次元）』（みすず書房／1970年）の中で、「プロクセミックス（近接学、知覚文化距離）」という造語を使い、人が空間を共有する場合の距離感覚について、図3のように定義しています。これを見ると、スマホとテレビの置かれている距離感覚が、「恋人・家族」と「仕事関係」くらい違うことがわかると思います。

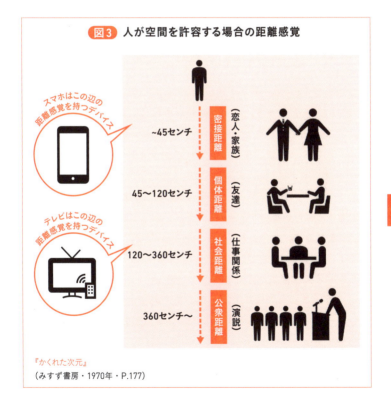

図3 人が空間を許容する場合の距離感覚

スマホはこの辺の距離感覚を持つデバイス

テレビはこの辺の距離感覚を持つデバイス

~45センチ 密接距離（恋人・家族）
45〜120センチ 個体距離（友達）
120〜360センチ 社会距離（仕事関係）
360センチ〜 公衆距離（演説）

『かくれた次元』
（みすず書房・1970年・P.177）

では、「自分だけのもの」と思っているスマホに、「自分が好きじゃないもの」が表示されたら、どういうことが起きると思いますか？

「快適空間を邪魔する存在」として認識し、とたんにそれが**「許容できない情報」**になってしまうのではないでしょうか。

多くの生活者がスマホで情報を入手するようになった今、「私（自社・自ブランド）」の情報発信は、これらの環境変化や心理変化を踏まえて行わないと、受け入れてもらえないというわけです。

つまり、生活者と「ダイレクト」なコミュニケーションを取るようになった今、そのコミュニケーション様式は、**マスメディア用ではなく、「生活者用」にカスタマイズする必要がある**ということです。

1つ目のドライバー、「ダイレクト」の意味がここにあります。

● 感情や感性に訴える工夫が必要！

これまで「私」は、マスメディアに届けたい情報を、例えば「ニュースリリース」という様式にまとめていました。ニュースリリースは、「私」に関する新しい事実情報を端的かつ簡潔に表現するものでした。しかし、この様式は、デジタル時代の生活者にマッチしているのでしょうか。

残念ながら、**従来のニュースリリースのカタチのままだと、「快適空間を邪魔する存在」として認識されたり、存在そのものをスルーされる可能性があります**。生活者と「ダイレクト」なコミュニケーションが取れるようになった現在は、前述のように情報を「生活者用」にカスタマイズする工夫が求められるのです（図4）。

例えば、ニュースリリースにまとめられているのと同じ情報をストーリー仕立ての「読み物形式」や「マンガ形式」にし、笑えたり泣けたりするように仕上げる「ストーリージェニック」にするというやり方もあるでしょう。あるいは、写真やインフォグラフィックス（情報やデータを視覚的に表現すること）を使い、一目で理解できる「フォ

トジェニック」にするというやり方や、動画を使って「ムービージェニック」にするというやり方もあります。

このように、ニュースリリースと同じ情報を伝えるにしても、生活者の「感情」や「感性」に訴えかけるような工夫が必要になるのです。

図4 生活者の感情・感性への訴え方（例）

届けたい情報を「感情」や「感性」に訴えられるようにカスタマイズする！

No. 04 [PR手法を動かすドライバー②] モーメント

● デジタル時代は「瞬間（モーメント）」で考える！

2つ目のドライバーは、「**モーメント**」です。その情報を「いつ」出すか。そのタイミングを考えることは、PRではとても重要です。

同じ情報であっても、発信するタイミングによって、その価値が変わってしまうからです。このことは、PR IMPAKT®の「T（トレンド、時流、季節性）」でも説明しましたね（P.72参照）。

そのタイミングをさらに細分化して、「モーメント（非常に短い時間・瞬間）」または「マイクロモーメント（超瞬間）」ごとに考えるのが、デジタル時代のポイントです。

「モーメント」は、2015年10月から米国などで始まったTwitterの機能に由来する言葉です（2017年11月現在、日本も利用可能）。

その機能は、「Twitterで今話題になっている注目のツイートをまとめる」というもので、まさに「今、この瞬間」に起きていることを簡単に知ることができます。

つまり、ここで言う「モーメント」とは、「**情報発信する際は、その情報を生活者が最も受け入れやすい『今、この瞬間』を考えて設計しよう！**」ということです。

● その情報が求められるタイミングはいつ？

具体的にイメージしてみましょう。例えば、「仕事のあと」に使う商品やサービスに関するコンテンツを発信するとしたら、いつ行うのがいいと思いますか？週の前半、例えば月曜日の午前10時でしょう

か？それとも週の後半、金曜日の17時以降でしょうか？

　週の後半、金曜日の17時以降のほうがよさそうですよね。一般に、週の仕事終わりである金曜日の夕方以降に発信すれば、「疲れている今こそ使いたい！」「まさに今、これが欲しかった！」と思ってもらえる可能性が高まるでしょう。

　このように、**生活者が「どんな状況のとき」にこの情報を受け取るのかを具体的にイメージすると**、情報への許容度が上がり、受容されやすくなるのです（図5）。

　さらに、生活者が最も情報を受け入れやすい「瞬間」を予測するだ

図5　モーメントの見つけ方

「季節ごと」に見る	正月、梅雨明け、夏休み、母の日、ハロウィン、クリスマス、○○の日（記念日）
「イベントごと」に見る	ロックフェス、ゲームショウ、展示会、コミックマーケット、高校野球、世界選手権
「流行」をチェックする	ヒットゲーム、ヒット映画、流行語、選挙、アイドルグループ解散、働き方改革、インスタ映え
「生活」を切り取ってみる	早起き、通勤中、昼休み、寝る前、夜更かし、早弁、遅昼、終電
「数年後」を切り取ってみる	制定から○年、設立から○年、法改正から○年、震災から○年

> CHAPTER 7　デジタル時代のPR手法

けでなく、その瞬間に起きた「反応」を「リアルタイム」で捉え、「反応を返す」という、**瞬間的かつ反射的な「リアクション」を取ることも重要**になります。

● リアルタイムでリアクションするのが大事！

　この「リアルタイム」の重要性は、アップルの創業を支えたレジス・マッケンナによって1990年代半ばから提唱されています。

　彼の著書『Real Time〜Preparing for the Age of the Never Satisfied Customer』（邦題：『リアルタイム 未来への予言―社会・経済・企業は変わる』ダイヤモンド社／1998年）にも、**時間や場所を問わず、「顧客が求めるとき」に、その希望に適した体験を提供することが、企業と顧客の関係強化につながる**と語られています。

　現在は様々なツールの発達により、「顧客の求めるとき」を「モーメント」（瞬間）で把握できるようになっています。ですから、その瞬間からいかにタイムラグを少なく、文字通り**「リアルタイム」**に対応できるか、という次元にまで到達しているのです。

　例えば、Webサイト上のチャットシステムで生活者からの質問にリアルタイムに答える、コールセンターならぬ「チャットセンター」は、まさにリアルタイムを追求して誕生したサービスです。

　また、先に紹介したTwitterの「モーメント」機能も、その瞬間にTwitter上で話題となっているトピックでユーザーが盛り上がれるという、リアルタイムを意識した機能だと言えます。

　この「モーメント」を捉えたリアルタイムリアクションの成功例として有名なのが、2013年のオレオ（Oreo）の事例です。

　詳しくは次ページで紹介しますが、この見事なツイートは、今でも語り草になっています（図6）。

> モーメントを捉えたリアルタイムリアクションの先駆例

2013年のスーパーボウル(米国プロアメリカンフットボールリーグであるNFLの優勝決定戦。200以上の国と地域でテレビ中継されており、毎年全米の年間最高視聴率を記録するなど、米最大のスポーツイベント)の試合中、約30分間の停電が発生した。

米国ナビスコ社のクッキーブランド「オレオ(Oreo)」は、この急な停電トラブルをチャンスと捉え、「Power out? No Problem(停電だって? 何も問題はない)」というメッセージとともに、オレオと「YOU CAN STILL DUNK IN THE DARK(暗くてもダンクすることはできる[注:ダンク=クッキーをコーヒーやミルクに浸す、の意味])」と書かれた画像を即座に作成し、停電中にツイートした。公開直後から注目を集め、このツイートのリツイート数は約1万5000件、Facebookの「いいね」の数も2万件を上回った。

オレオでは、スーパーボウル中に起こるだろうあらゆることにリアルタイムに対応するため、15人から成るソーシャルメディア・チーム(コピーライターやデザイナーなど)を待機させていたと言う。

図6 オレオの投稿

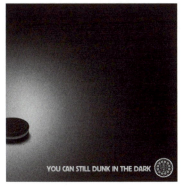

出典:オレオのTwitter公式アカウント「Oreo Cookie」@Oreoより
(2013年2月3日の投稿に添付された画像)

No. 05 ［PR手法を動かすドライバー③］
タイム

　3つ目のドライバーは「**タイム**」です。デジタル時代を迎え、世の中に出回る情報量が圧倒的に増えたこともあり、生活者は1つ1つの情報をなるべく短い時間で消費したいと考えるようになりました。

　そんな生活者と円滑にコミュニケーションするには、伝えたい情報を生活者が理解するまでにかかる時間、つまり「タイム」を常に意識しなければなりません。

　かかる時間は、「**短ければ短いほどよい**」です。ですから、「私（自社・自ブランド）」が生活者とコミュニケーションする際は、文章はより短くキャッチーな表現にして、1秒でも早く内容を理解してもらうような工夫が欠かせません。さらに、一目でその文章の中身がわかるようなビジュアルを用意することや、冒頭の数秒で中身に惹きつけるような動画の工夫は、今や必須となっています。

　特に昨今の生活者は、自分が受け取った情報を他の誰かに発信するときに、**マスメディアよりもさらに短くコンパクトに「編集」して表現する傾向**があります。実際、Twitterは、1ツイートが140文字以内（2017年11月から日本語、中国語、韓国語以外の言語で280文字に拡大）と決められています。Instagramは写真の複数投稿が可能ですが、表示は1枚。Facebookは、文字数制限や写真の枚数制限はありませんが、長文投稿や複数枚の写真投稿をすると、一度に表示されるのは最初の数行・数枚のみです。その他のツールも同様でしょう。

　企業は、つい説明調で伝えたいことの「全て」を言葉で表現したくなるものですが、長々と文章で伝えても、その文章は欲しいところだけを切り取って「編集」されてしまいます。

編集された結果、「私」の伝えたかった内容と齟齬が生まれてしまっては、元も子もありません。生活者に理解してもらう時間を短くするというだけでなく、「**編集範囲を狭めておく**」という意味でも、提供情報をコンパクトに表現することは重要なのです（図7）。

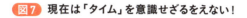

図7　現在は「タイム」を意識せざるをえない！

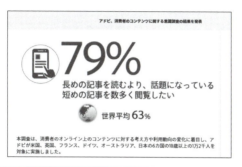

アドビ システムズ 株式会社による、消費者のコンテンツに関する意識調査「The State of Content : Rules of Engagement」（2015年12月発表）によると、情報を得る時間が例えば1日に15分程度に限られている場合、日本人の約8割(79%)が「長めの記事を読むより、話題となっている短めの記事を数多く閲覧したい」と回答。

YouTubeの「視聴者維持レポート」でも、「どの動画でも最初の15秒間に注意する必要があります。再生をやめる視聴者が最も多いのがこのタイミングです」との記述がある。

No. 06 〔PR手法を動かすドライバー④〕
インクルーシビティ

● あらゆる人への「配慮」が求められる時代

ドライバーの4つ目は「**インクルーシビティ**」です。形容詞の「インクルーシブ」のほうが、言葉としてはなじみがあるかもしれません。

英語では「inclusive」と表記し、直訳では「包括的な」「包み込む」という意味になります。ここで言うインクルーシブとは、「インクルーシブ教育（障がいの有無や人種にかかわらず、子ども一人ひとりの教育的ニーズに合った支援を通常学級内で行う教育）」という言葉があるように、「**あらゆる人が孤立したり、排除されたりしないように配慮する**」という意味です。

デジタル化に伴い、誰もが、いつでも、どこでも、「私（自社・自ブランド）」とコミュニケーションを取ることができるようになりました。

これは、**あらゆる立場の人が「私」に関する情報をキャッチできる**ということです。ですから、今は「私」がコミュニケーションする際は、あらゆる人に配慮することが必須になっているのです。

その配慮は、日本国内ばかりではなく、グローバルな視点も意識しておく必要があります。

● 差別・侮蔑につながる表現はNG！

「うちの会社はグローバル展開してないので関係ない」と思う人もいるかもしれませんが、とんでもありません。

グローバル展開してない企業は「世界での知名度がない＝世界で味

方になってくれるファンがいない」ということです。

　ですから、**そういう企業こそ、グローバル視点での炎上リスクをより一層考えなければならない**のです。人種や性別などへの差別はないか、思想や宗教などへの侮辱はないか、動物愛護・保守の精神に反してないかなど、多様な立場や生き方に配慮して情報を設計し、グローバルな視点に照らし合わせてPR手法を考える必要があります。

世界で進むインクルーシブ・コミュニケーション例①

●米ニューヨーク交通会社（MTA）の場合

　2017年11月、MTAは、ニューヨーク市内などで運行している地下鉄やバスなどの乗務員が、アナウンスの際に乗客に呼びかける「レディース・アンド・ジェントルメン（Ladies and gentlemen）」という言葉の使用を禁止。

　「乗客とのコミュニケーションを根本的に改める取り組み」の1つとして、「Everyone（みなさん）」や「Passengers（乗客のみなさん）」などと呼びかけることにした。同性愛や性同一性障害など、性的マイノリティの方への配慮と見られている。

世界で進むインクルーシブ・コミュニケーション例②

●英国広告規制局（ASA）の場合

　2017年7月、ASAは、広告での性のステレオタイプ（Gender Stereotype）を禁止する指針を出した。例えば、女性だけが家事や育児をして、男性はしない、というような表現の広告を禁止。

　他にも「痩せている」「体型がいい」といった、体に対する不安を煽るメッセージや、「男の子の将来の夢はサッカー選手、女の子はお嫁さん」といった、性別によるステレオタイプを含む広告も規制される。

No. 07 ［PR手法を動かすドライバー⑤］
ファクト

● デジタル時代は「ポスト真実」の時代?

　第5のドライバーは「**ファクト**」です。この項目は少し特別で、PRにおいてファクト（客観的事実）は、デジタル時代になるずっと前から重視されています。

　「PRはファクトありき」です。広告であれば、そこで描かれている表現が「フィクション」でも成立しますが、PRは成り立ちません。必ず「ノンフィクション」でなければならないのです。

　と言うのも、PRはパブリシティの獲得、つまり「メディアにニュースとして報道されること」が基本活動とされているからです。**メディアは、フィクションは報じることはなく、実態のみを報じる**ので、「PRはファクトありき」と言われてきたのです。

　しかし、2010年代後半以降、ソーシャルメディアを通じた情報の流通・拡散が浸透してくると、マスメディアよりも速く、情報が世界中に広がるようになりました。

　ソーシャルメディアの多用によって、時には情報が錯綜したり、フェイクニュース（虚偽のニュース）が広がるケースも出てきたのです。こうなると、「本当かウソかといった客観的事実」よりも、「感情的（エモーショナル）な訴えがあるかないか」のほうが、世論形成に強い影響力を傾向が見られるようになりました。

　このことを「**post-truth（ポスト真実）**」と呼びます。2016年にはオックスフォード英語辞書による同年の「世界の今年の言葉（Word Of The Year）」に、2017年には日本でも流行語に選ばれています。

●「5つのドライバー」はデジタル時代に必携!

　この「post-truth(ポスト真実)」の傾向を踏まえると、果たして「ファクトだけで太刀打ちできるのか」という疑問が湧いてきます。とはいえ、もちろん**企業が発信する情報が「フェイクニュース」なんていうことは、論外**です。きちんとしたファクトに基づいたうえで、「感情的な訴えがあるかないか」が影響力を持つ「デジタル時代の生活者」に太刀打ちするにはどうしたらいいのか、工夫しましょう。

　そこで実践すべきなのが、本章で紹介してきた5つのドライバーです。5つのうち1つでも回ると、生活者も見据えた「**デジタル時代のPR手法**」として動き出します。

　よりデジタル時代に適したPR手法を駆使するには、5つ全てのドライバーを回しておきたいところです(図8)。

図8　ドライバーを回してデジタル時代に適した「PR手法」を!

①ダイレクトな関係ゆえに「エモーショナル」な表現で、

②最適なモーメントを捉えて「(リ)アクション」し、

③タイムを短縮する「コンパクト」な形式で、

④インクルーシビティを「ケア」しながら、

⑤ファクトに基づく「ノンフィクション」ストーリーを伝える!

> CHAPTER 7　デジタル時代のPR手法

COLUMN 「フェイクニュース」に要注意!

フェイクニュースとは、文字通り「虚偽のニュース」のことです。

衝撃的な見出しや、一見すると「事実」だと誤認してしまうような写真や動画が添付されていることも多く、主にソーシャルメディアを通じてインターネット上で拡散されています。

フェイクニュースが拡散されてしまう背景には、ソーシャルメディア上で、「知り合いが拡散している情報だから本当だろう」と、内容の真偽を確かめずに即座に反応してしまうという、リアルタイム性が追求されすぎた反動が出ていると考えられます。

また、見る人の中に偏見や差別といった負の感情が内在していて、そこに一致するような情報が目の前に現れると、飛びついて信じてしまうという側面もあると言われています。

2016年に行われた米大統領選では、「ローマ法王がトランプ支持を表明した」などの、明らかなフェイクニュースが拡散しました。

世の中へのフェイクニュースの浸透度は高く、米バズフィード社によると、選挙前約3カ月の集計では、大手ニュース記事の上位20位に対して、合計736.7万のエンゲージメント（シェア・コメントなど）があった一方で、フェイクニュースの上位20位には約871.1万のエンゲージメントがあったそうです。

虚偽の情報にもかかわらず、「拡散している」という理由で人が扇動されたり、企業が脅かされたりするケースも出ているので、十分な注意が必要です。

CHAPTER 8

「PRマスター」になるための心得

01 PRマスターになるに「PR思考」を磨くべし!
02 最新動向を知ろう!
03 「リスク」の視点を忘れずに!
04 PESOメディアを知ろう!
05 情報流通の構造を知ろう!
06 インフルエンサーを知ろう!
07 メディアの「分散型化」について知ろう!
08 PRの成果・効果測定はどうすべき?
09 PRを進めるうえで効果的な組織体制は?

> CHAPTER 8 「PRマスター」になるための心得

No. 01 PRマスターになるために「PR思考」を磨くべし!

　ここまで、PRを「思考」と「手法」の2つに分けて説明してきました。紹介してきたPR思考とPR手法を身に付ければ、所属部署や立場に関係なく、PRパーソンとしてすぐにでも活躍できると思います。

　ただ、くれぐれも覚えておいてほしいのは、**目指すべきは「PR手法」のマスターではなく、「PR思考」のマスター**だということです。

◉「PR手法」の前に「PR思考」が大切!

　例えば5年後、10年後には、紙のニュースリリースはなくなっているかもしれません。

　そのとき、もしあなたが「PR手法」だけのマスターだったら、技を1つ失うことになってしまいます。

　でも、「PR思考」のマスターならこう思うでしょう。PRの本質は、「世の中」と「私(自社・自ブランド)」をマッチングさせることにあり、そのやり方は問われない。**今の時代に「世の中」と「私」をマッチングさせる方法は、リリースじゃなくてこっちだ**、と。しかも、PR思考は、「世の中がどのような反応を示すか」に立脚しているので、生活者やメディアの生態や事情に精通しているはずです。つまり、「PR思考」のマスターなら、**その時代、時代の生活者やメディアに最適な手法を編み出せる**はずなのです(図1)。

　真のPRマスターとは、生き物のように動き続ける世の中と常にフラットに向き合い、その反応に合わせて柔軟な思考と手法を繰り出し、「世の中」と「私」との最適なマッチングができる人を指すのです。

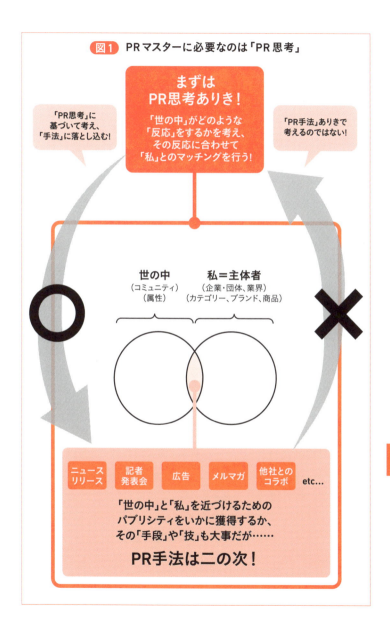

> CHAPTER 8 「PRマスター」になるための心得

No. 02 ［世の中に精通する①］
最新動向を知ろう！

　「世の中」と「私」とをマッチングさせるには、世の中の動きをウオッチし、世の中が何に関心を抱きやすいのか、何の問題が重視されそうなのか、**常にアンテナを張っている**必要があります。

　例えば昨今なら、2015年の国連サミットで採択された「持続可能な開発のための2030アジェンダ」に掲げられた17の「持続可能な開発目標（SDGs：Sustainable Development Goals）」として、2030年までに世界が取り組むべき問題を取り上げられていますが、各国においても関心が高く、絶対に押さえておきたい項目です（図2）。

◉「機運に合っているかどうか」が大切！

　また、世の中は「生きている」ので、「私（自社・自ブランド）」が取り組みたい関心や問題がたとえ今「旬」でなくても、時間が経つと「旬」になることもあります。

　基本的には、「私」が取り組むべき関心や問題は、世の中の機運に合わせて柔軟に変えていく必要があります。一方で、どうしても取り組みたい関心や問題があって、それが普遍的なものであれば、取り組むのをやめる必要はありません。**より世の中の注目を引くタイミングはいつなのか、その「機運」を見極めればいい**のです。最初は渋くて食べられない渋柿が、時間が経つと甘くておいしい干し柿に変わるように、取り組むべき機運が来ることもあるでしょう。

　大切なのは、常に「世の中」の動きをウオッチし、それに対して「私」の立ち位置をどこに置くべきなのか、柔軟に修正し続ける**「自己修正機能」**を持つことです。

図2 世界を変革するための持続可能な17の目標

※国際連合広報センターよりロゴアイコン使用

> CHAPTER 8 「PRマスター」になるための心得

No. 03

[世の中に精通する②]
「リスク」の視点を忘れずに!

「世の中」と「私」をマッチングさせるには、==ミスマッチングの可能性（リスク）==についても考えておく必要があります。ここでもエクリプスモデルで説明しましょう。あるコミュニティや属性との関係を深めたいと思い、一緒に「関心」を高めたり、「問題」を解決したりしていたことが、==意図せず別のコミュニティや属性の関心を否定したり、問題をさらに悪化させてしまう可能性==があります（図3）。

そのような可能性はないか、つまり「私（自社・自ブランド）」の円が、意図していなかった別の層の円を侵食してないかを、常に念頭に置いておく必要があるのです。このようなミスマッチングを防ぐには、次のような点に留意しなければなりません。

①マッチングの際に起こり得るリスクを洗い出し、未然に防止策を実行しておく
②リスクが顕在化した際の対応をシミュレーションする
③上記をルール化・マニュアル化し、関係者の意識を合わせておく
④世の中の変化に合わせ、新たなリスクは増えてないか、予防策・対応策は適切か、などの観点でマニュアルを定期的に見直す

リスクが顕在化した際の対応を誤ると、火に油を注ぐことになり、被害が拡大してしまうので、十分に注意しましょう。

第7章のインクルーシビティの解説でも触れましたが（P.162参照）、オンラインで世界中がつながる今の世の中は、==「あらゆる人が孤立したり、排除されたりしないように配慮すること」==が特に強く求められてい

ます。インクルーシビティを常に意識し、この世の中の空気を読み間違えないようにすることが、PRマスターには求められます。

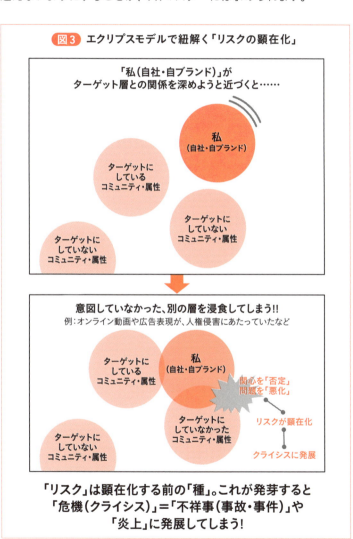

No. 04 ［メディアに精通する①］
PESOメディアを知ろう！

● 世の中の「メディア」を把握しよう！

PRマスターになるには、「**メディアに精通していること**」も必須です。メディアに精通していないと、「情報がどのように世の中に伝播していくか」がイメージできないからです。

デジタル化に伴い、世の中にはテレビ、新聞、雑誌、ラジオのいわゆる4つの「マス」メディアだけでなく、ソーシャルメディアのような様々なメディアが誕生しました。

リーチ規模ではマスメディアを凌駕するものもあり、マスメディアそのものの定義も見直されつつあります。そこでここでは、メディアをコミュニケーションの役割別、特徴別に分けて捉える「**PESOメディア**」という分類の仕方を押さえておきましょう（図4）。

「PESO」はそれぞれの分類の頭文字を取ったものです。「P」は「Paid media」で、「**購入する」メディア**のこと（広告など）。「E」は「Earned media」で、「**獲得する」メディア**のこと（パブリシティなど）。「S」は「Shared media」で、「**共有される」メディア**のこと（ソーシャルメディアやブログなど）。「O」は「Owned media」で、「**所有する」メディア**のことです（企業の公式Webサイト、店舗、広報誌など）。

第6章で、世の中の好反応を引き出し、良い関係を構築するためなら、「原則何をしてもよい」とお話ししました。その言葉通り、「PESOメディア」のそれぞれの特徴を理解し、これらを駆使することが、今の時代のPRパーソンには求められています。

米国で最も権威あるPR業界誌であり、優れたPR活動を表彰する

世界的アワード「PR WEEKアワード」の主催者でもある『PR WEEK』の編集長スティーブ・バレットは、2015年に来日した際に、「最善の仕事とは、『PESO』の4要素全てを組み合わせたときにできるものだ」(『経済広報』経済広報センター／2015年12月号)と話しています。

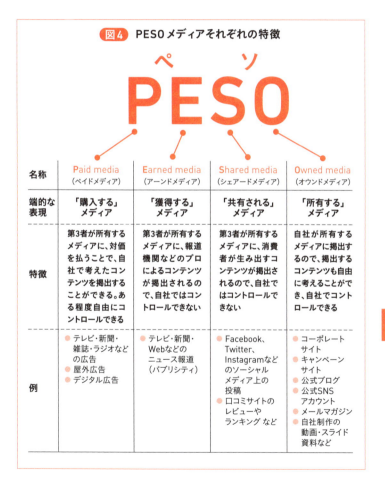

図4 PESOメディアそれぞれの特徴

名称	Paid media (ペイドメディア)	Earned media (アーンドメディア)	Shared media (シェアードメディア)	Owned media (オウンドメディア)
端的な表現	「購入する」メディア	「獲得する」メディア	「共有される」メディア	「所有する」メディア
特徴	第3者が所有するメディアに、対価を払うことで、自社で考えたコンテンツを掲出することができる。ある程度自由にコントロールできる	第3者が所有するメディアに、報道機関などのプロによるコンテンツが掲出されるので、自社ではコントロールできない	第3者が所有するメディアに、消費者が生み出すコンテンツが掲出されるので、自社ではコントロールできない	自社が所有するメディアに掲出するので、掲出するコンテンツも自由に考えることができ、自社でコントロールできる
例	● テレビ・新聞・雑誌・ラジオなどの広告 ● 屋外広告 ● デジタル広告	● テレビ・新聞・Webなどのニュース報道(パブリシティ)	● Facebook、Twitter、Instagramなどのソーシャルメディア上の投稿 ● 口コミサイトのレビューやランキング など	● コーポレートサイト ● キャンペーンサイト ● 公式ブログ ● 公式SNSアカウント ● メールマガジン ● 自社制作の動画・スライド資料など

> CHAPTER 8　「PRマスター」になるための心得

No.
05

[メディアに精通する②]
情報流通の構造を知ろう!

　ここでは、前節で紹介したPESOメディアが互いにどのように影響し合っているのか、その中で情報はどのように世の中に伝播していくのかを考えてみましょう。電通パブリックリレーションズでは、この情報伝播の道筋を**「情報流通構造」**と呼び、2009年から調査してきました。と言うのも、当時は「Yahoo! ニュースに掲載されるにはどうしたらいいのか」ということにとても注目が集まっていたからです。

　今では広く知られていますが、Yahoo! ニュースなどのポータルサイトは、新聞社や雑誌社といったニュースコンテンツプロバイダー（CP）から記事の配信を受け、より読まれるように見出しなどを付け直して記事を掲載しています。そこで、ニュースCPごとのニュース採用率を調べたり、**どういう文脈ならポータルサイトの編集者がニュースをピックアップしたくなるのか**を定量・定性の両面で分析したりなど、様々な調査をしてみたわけです（ちなみに、Yahoo! ニュースに掲載されたいと思ったら、その記事の配信元であるニュースCPにアプローチする方法があります。Yahoo! ニュース「トピックス一覧」の一番下にある「ニュース提供社」をクリックすれば、誰でもニュースCP一覧を見ることができます）。

　現在の情報流通構造は、図5のようになっていると考えられますが、「情報流通構造」は非常に複雑で変化しやすいので、わずか数日の間に、ここには載っていない新しい道筋や、情報が一気にブーストする「着火点」が発見される可能性があります。ですから、「これはヒットした」というニューストピックに巡り合ったら、**それをさかのぼって「着火点」を探し出し、ルートを検証すること**が重要です。

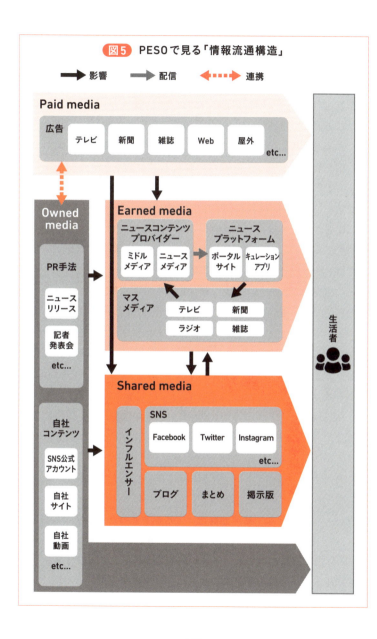

> CHAPTER 8　「PRマスター」になるための心得

● オンライン動画の情報流通構造

　例えば2013年に、九州のタイヤ販売会社オートウェイが公開した「【閲覧注意】雪道コワイ」というオンライン動画が、爆発的にヒットしたことがあります。テレビなどのニュースでも次々に取り上げられ、動画を活用したPR手法の幕開け的な存在として注目を集めました。第4章で、オンライン動画のヒット率を高めるために、様々なヒット動画を研究したとお話ししましたが（P.76参照）、その取り組みで参考にした動画の1つでもあります。

　このとき私たちは「ヒット動画には、もしかしてある程度情報流通の法則性があるのでは？」と考え、第4章で紹介した資生堂や安川電機などをはじめとする、様々なヒット動画を研究しました。

　その結果、ヒットしたオンライン動画においては、図6のような情報流構造が明らかになりました。企業が作る動画の中でも、人々の間でシェアされ、話題になるようなエンターテインメント性の強い動画は、オンライン上に置かれているアニメや映画などの動画と視聴を争い合うことになります。ですから、いくら良いコンテンツであっても、そっとオンライン上に置いておくだけではヒットにはつながりません。「誰かが見つけてくれるだろう」という考えでは甘いのです。

　オウンドメディア（リリース配信、自社のSNSアカウントでシェアなど）での告知はもちろん、アーンドメディアに向けたアプローチや、もし予算があればペイドメディア（デジタル広告）も活用して、見つけてもらう工夫をすることが必要です。なぜなら、現在のオンライン動画は、次のような「拡声器構造」でヒットするからです。

STEP① ある一定のコミュニティや属性で爆発的にヒットする
STEP② ヒットの事実が記事やまとめなどで顕在化する
STEP③ 顕在化され、ヒットそのものが現象化する

すなわち、テレビなどのマスメディアで取り上げられるようなヒット動画は、必ずしも最初からマスメディアに直接的なアプローチをしたわけではなく、**しかるべきルートをたどることでヒットするというカラクリになっている**のです。

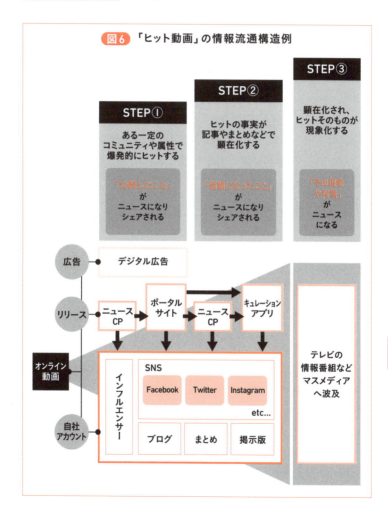

No. 06 [メディアに精通する③] インフルエンサーを知ろう!

●「インフルエンサー」って何?

情報流通構造の中でも、近年特に重要な役割を担っているのが「**インフルエンサー**」です。

インフルエンサーも、様々な使われ方をしている言葉の1つですが、昨今では「強い影響(Influence)力を持つ人」の意味で使われており、主に「ソーシャルメディア上で、他のユーザーへ影響力が強い人」のことを指します。

● インフルエンサーは著名人だけではない!

少し前まで、「インフルエンサー」と言えばタレントやスポーツ選手などの著名人、いわば存在そのものが「憧れ」で、かつ影響力を持つ人のことを指す言葉でした。

もちろん、今でもその人たちはインフルエンサーなのですが、昨今はそれ以外の人たちも、著名人と同様に、また分野によってはそれ以上の影響力を持つようになってきました。

それが「**マイクロインフルエンサー**」と呼ばれる、1000から10万のフォロワーを持つ人たちです。

「マイクロインフルエンサー」は、食や美容・家電など、**ある特定の領域において、豊富な知見と情報量で影響力を有している人たち**のことです。その分野に対するあくなき「探求心」と「深い愛」は徹底したものがあります。

だからでしょうか。そのパワーをふんだんに使った情報収集と発信

力は、著名人らのインフルエンサーよりも、その情報の受け取り手の心を動かしやすいというデータも出ています（図7）。

つまり、著名人のような遠くにいる「憧れの存在」よりも、「**少し手を伸ばせば届きそうな存在**」のほうが距離が近いため、共感しやすく、信頼できると言えます。

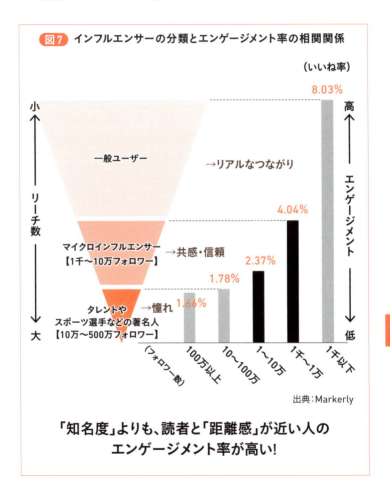

● あの「PPAP」もインフルエンサーが……

例えば、2016年にYouTubeで公開されて一世を風靡したピコ太郎さんの「PPAP（ペンパイナッポーアッポーペン）」。この動画が世界的にヒットしたきっかけとなったのは、1億人以上のフォロワーを持つカナダのミュージシャン、ジャスティン・ビーバーさんが、PPAPを「My favorite video on the internet（お気に入りの動画だ）」とツイートしたことがきっかけになったのは、あまりにも有名です。

ピコ太郎さんとジャスティン・ビーバーさんは、直接の知り合いだったわけではありませんが、デジタル化により世界中がつながっている今は、こんな奇跡が起きる可能性があるというわけです。

しかし当然ながら、奇跡が起きるのをただ待ってるだけではいけません。このピコ太郎さんのような反響に出会ったら、「なるほど、インフルエンサーを巻き込むと一気にブーストされるんだな。これが情報の『着火点』だ」と感じ取るのが、PRパーソンというものです。

● 着火点の「大元」を探ろう！

インフルエンサーと知り合いで、この着火点に直接火を点けられればいいのですが、ジャスティン・ビーバーさんみたいな人にツイートを頼めるような仲の人はそういないでしょう。

かと言って、偶然だけに頼るわけにはいきません。そういう場合には、「着火点は、実はもっと前にあるのではないか？」という可能性を探りましょう。

例えばPPAPの場合、ジャスティン・ビーバーさんがつぶやく前に、海外で影響力のあるバイラルメディア（ソーシャルでの拡散を目的に、インパクトのある動画や画像を発信するブログメディア）の1つ

「9GAG」(フォロワー1400万以上)がPPAPに興味を持ち、複数回にわたってTwitterなどで紹介しています。

　これで一気に海外での知名度が上がり、やがてジャスティン・ビーバーさんの目にも留まったというわけです。

　このように、インフルエンサーを巻き込みたい場合は、**そのインフルエンサーの「フォロー元」にさかのぼり**、そのフォロー元の中に情報提供できそうな相手を見つけ、アプローチしてみましょう（図8）。

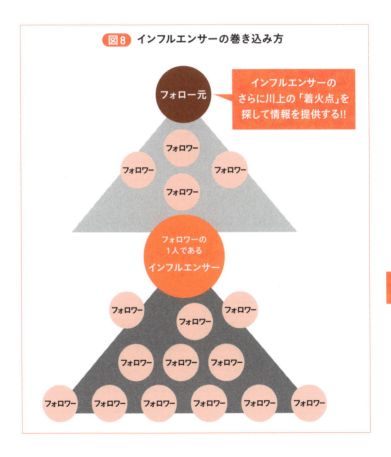

図8 インフルエンサーの巻き込み方

インフルエンサーのさらに川上の「着火点」を探して情報を提供する!!

> CHAPTER 8 「PRマスター」になるための心得

No. 07 ［メディアに精通する④］
メディアの「分散型化」について知ろう！

　最後に押さえておきたいのは、**「メディアの分散型化」**です。デジタル化が進み、メディアは、4大マスメディアであるテレビや新聞、雑誌、ラジオも、分け隔てなくWeb上で自社のニュースコンテンツを掲出するようになりました。そして、その方法もさらに進化しています。

　従来、メディアは自社のニュースサイトを持ち、そこに全てのニュースコンテンツを集約させていました。と言うのも、かつてはサイトのページビュー（PV）を高めたり、何度も来てくれるユニークユーザー（UU）を増やしたりするほうが、「価値の高いサイト」だと評価されたからです。実際、PVが高く、UUが多いニュースサイトのほうが「広告単価」が高いのが一般的でした。

　そして、ユーザーを集めるには、Googleの検索結果やソーシャルメディアに流れる記事のリンクなどから自社サイトへ誘引する必要がありました。もちろん、今もこの形を継続しているメディアもありますが、最近では「読者にサイトに来てもらう」のではなく、**「読者のいるプラットフォームに合わせてコンテンツを最適化して届ける」**という考え方のメディアが増えています（図9）。そういったメディアを**「分散型メディア」**と呼びます。

　バイラルメディアの草分けである「Buzzfeed」が代表格ですが、ユーザーはリンク先のサイトに飛ぶ必要がなく、ソーシャルメディア上などで、そのまま記事や動画を見ることができます。

　これを企業に当てはめてみると、今の企業は自社サイトに誘引することだけを考えるのではなく、**「生活者が実際に使っているプラットフォームに出て行くこと」**も考えるべきということになります。

また、その際は第7章でお話した通り、分散先となるプラットフォーム「郷」に従い、一番適した形や文脈にコンテンツをカスタマイズすることを忘れないようにして下さい。

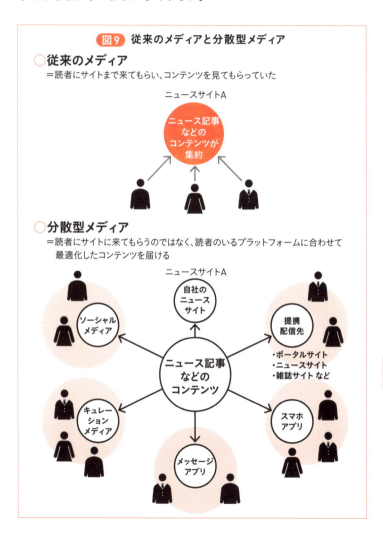

> CHAPTER 8 「PRマスター」になるための心得

No. 08 | PRの成果・効果測定はどうすればよい?

よく、「PRの成果・効果測定は一体どうしたらいいの?」という質問を受けることがあります。これは、やや難しい質問です。なぜなら、答えは1つではないからです。

● 脱・広告換算の世界的な流れ

「**広告換算**」という言葉を聞いたことがあるでしょうか。「広告換算」とは、「パブリシティとして獲得したニュース記事の面積や、放送の尺と同じだけの量を、もし広告で定価購入したとしたらいくらに相当するか」を換算するもので、多くの企業がPRの活動成果や効果の指標として取り入れていました。

一見、「コストと成果」をうまく比較できているような気がしますが、「広告換算」で出した値は、**「仮説の広告予算投入額」にすぎず、「成果」ではありません**。したがって「広告換算」は、パブリシティ量を一定の指標で査定する1つのやり方ではあるものの、この指標のみを「成果」や「効果」と設定してしまうのには疑問が残ります。

PR業界では、2010年にAMEC（International Association for Measurement and Evaluation of Communication：国際コミュニケーション測定評価協会）が、「**バルセロナ原則**」と呼ばれるコミュニケーションの効果測定に関するフレームワークをまとめ、「広告換算値はPRの価値ではない」という宣言とともに、国際的にも同原則の順守を呼びかけました[*]（図10）。

日本でも、「脱広告換算」の動きは高まっており、日本PR界の業界誌『広報会議』（宣伝会議）の調査によると、広告換算を「重視する」

企業が23.9％（大変重視している5.3％、重視している18.6％の合計）なのに対し、「重視しない」企業は64.6％（全く重視していない32.7％、あまり重視していない31.9％の合計）となっています（『広報会議』宣伝会議／2017年11月）。

では、「広告換算」がPRの活動成果や効果の指標ではないとすると、何を指標にしたらよいのでしょうか。

図10 バルセロナ原則 2.0

① ゴールの設定と効果測定はコミュニケーションとPRにとって重要である

② アウトプットだけの測定よりも、むしろコミュニケーションのアウトカムを測定することが推奨される

③ 組織のパフォーマンスへの効果は測定可能であり、可能な限り測定すべきである

④ 量と質を測定・評価すべきである

⑤ 広告換算値はコミュニケーションの価値ではない

⑥ ソーシャルメディアは他のメディアチャネルとともに測定可能であり、測定すべきである

⑦ 測定および評価は、透明性があり、一貫性があり、有効なものであるべきである

＊「広告換算値はPRの価値ではない」という項目は、2015年に同原則が「バルセロナ原則2.0」として修正された際、「広告換算値はコミュニケーションの価値ではない」と改められた。

> CHAPTER 8 「PRマスター」になるための心得

● PRの成果・効果指標を3段階で把握する

　エクリプスモデルで説明しましょう。点にすぎなかった、あるいは小さい面にすぎなかった「あるコミュニティや属性との関係」を深める、これが「私(自社・自ブランド)」の大目的でした。

　一連のPRの結果、関係が深まっている、つまり「PR効果が出ている」としたら、そのコミュニティや属性の「態度」や「意識」に何かしらの"変化"が表れているはずです（図11）。

　P.42で紹介したイザネモ水族館（泊まれる水族館）の例で言えば、「実際に泊まった」「問い合わせをした」などが「態度変容」にあたるでしょうし、「行ってはいないが行きたいと思った」「好意度が上がった」などは「意識変化」にあたります。

　参加人数や問い合わせ数を把握するなら、その実数を数えればいいですし、意識変化を把握するには、「泊まれる水族館」の発表や実行の前後で意識調査を行う必要があるでしょう。さらにパブリシティは、コミュニティや属性の「意識変化」や「態度変容」に大きな影響を与えるので、広告換算ではなく、量の推移や報道のタイミング、その内容（質）を把握することに意味があるでしょう。

　このように、PRの成果・効果を測るには、活動の前後で「態度」「意識」「それらに影響を与えるパブリシティ・広告などのアウェアネス（気づき）」の3段階において、どれほどの変化があったかを把握することが大切です。

　このとき、「態度」に何を含めるか、「意識」として何を測るかというのは、それぞれの企業やブランドにおける決め事なので、「こうしなければならない」というルールはありません。それぞれの企業において、目指すべき「ありたい姿」は異なるはずなので、指標も決して同じではないのです。ただ、共通して重要なのは、効果・成果を測定したら、すぐに「次のプラン」に反映するということです。

図11 PRの成果・効果を把握する方法

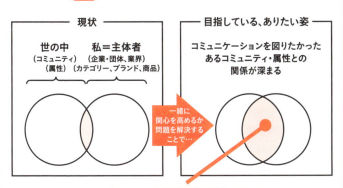

「関係が深まる」ということは、何かしら、そのコミュニティや属性の「態度」や「意識」が"変化"しているということ。それを測り、前後比較するのが「効果測定」

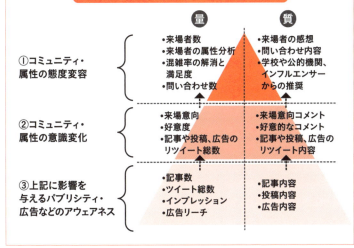

> CHAPTER 8 「PRマスター」になるための心得

No.
09 PRを進めるうえで効果的な組織体制は?

　「PRの成果・効果測定」と同様に、よく問い合わせを受けるのが「PRを進めていくうえでの体制」についてです。特に、商品やサービス、事業、企業活動などのアイデアをすっかり完成させたあとに、「さて、PRはどうしよう」となってしまうケースが多いです。しかし、本書の第5章を見ればわかる通り、「成功した」と言われる事例は、いずれも「アイデアの思考段階」で、「世の中がどうリアクションをするか」を具体的に描いているものです。

　では、自社でも同じようにPRを成功させるには、具体的にどのような組織体制をとるべきかを考えていきましょう。

　最も重要なのは、各部署に散らばっている「PRのタネ」になり得る情報を横断的に集約し、シームレスに受け取れる状態を作ることです。そのためにオススメしたいのが、次の4つの改革です（図12）。

A：チーム改革：社全体の情報管理・構築を俯瞰して見れるチームを作り、PRマスターを配置する
B：人材改革：各部署に1人PRマスターを育成／配置する
C：フロー改革：アイデアや情報を組み立てる過程の最初から、PR思考を入れて考える
D：フォーマット改革：PR思考に基づくメソッドを、各部署の会議や社内資料にフォーマットとして導入する

　本書で紹介してきたメソッドを活用すると、「D」は特に導入しやすいかもしれません。全社で共通意識を持つために、ぜひご活用下さい。

図12 効果的な組織作りのための4つの改革

A：チーム改革：社全体の情報管理・構築を俯瞰して見れるチームを作り、PRマスターを配置する

配置例：

マーケティング直結型PR体制	PRチームが、宣伝、マーケティング、クリエイティブと統合したチーム体制になっている
メディア対応特化型PR体制	PRチームが、メディア対応に関連する全てを統括する。メディアの範囲は企業ごとに規定する
全方位型PR体制	PRチームが、メディア以外のコミュニティ（ガバメントやインベスター、さらには地域コミュニティまで）対応も全て統括する

B：人材改革：各部署に1人PRマスターを育成／配置する

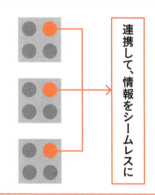

連携して、情報をシームレスに

C：フロー改革：アイデアや情報を組み立てる過程の最初から、PR思考を入れて考える

D：フォーマット改革：PR思考に基づくメソッドを、各部署の会議や社内資料にフォーマットとして導入する

PR思考に基づく同一フォーマットで、情報をシームレスに

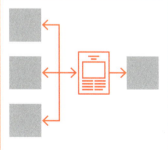

COLUMN 一億総PRパーソン時代へ！

　この本を通じて、PRは広報部だけのものではないことを理解できたのではないでしょうか。特に、「経営陣自らがPRパーソン」という企業は、企業と世の中との関係を強固にするスピードが速いので、発展していくスピードも速いでしょう。日本パブリックリレーションズ協会の理事長・近見竹彦氏も「PRドリブン経営（PRを基軸に経営戦略を考えること）は重要で、これからの企業には必須である。この動きは今後ますます加速する」と話していますし、第5章で紹介したいずれの事例も、経営陣のPRに対する理解がとても深く、そして熱いです。

　もちろん、経営陣のみならず、部署や立場を超えて、みなさんがPRパーソン、PRマスターになることは、今や必須だと思います。全社員一人ひとりがPRパーソンになれば、世の中に与える影響はより大きくなり、企業の成長につながるからです。その結果、ひょっとしたらPR会社は不要になるかもしれません。

　PR会社に勤める身でこんなことを言うのも何ですが、「それでもいい」と本気で思っています。みんなが世の中の関心を高め、問題を解決し続けていけば、より良い社会が形成されると信じているからです。

　これは企業内に限らない話です。今は、日本人一人ひとりがPRパーソンとなり、日本というブランドを世界に発信していくべき時代です。2020年を経て、さらに未来へ向かって、私たち一人ひとりが、日本を代表する気持ちでいることが大事だと思いますし、私たちもその1人として、世界に1人でも多く日本のファンを増やしていきたいと思っています。

Bibliography | 参考文献

『アイデアのつくり方』(阪急コミュニケーションズ)ジェームス・W・ヤング(著)/今井茂雄(訳)

『アイデアは地球を救う。希望をつくる仕事 ソーシャルデザイン』(宣伝会議)ソーシャルデザイン会議実行委員会(編著)

『アイビー・リー —世界初の広報・PR業務—』(同友館)河西仁(著)

『EFFECTIVE PUBLIC RELATIONS 8th Edition』(Pearson) Scott M. Cutlip、Allen H. Center、Glen M. Broom(Author)

『かくれた次元』(みすず書房)エドワード・ホール(著)/日高敏隆、佐藤信行(訳)

『広報110番—パブリック・リレーション実務事典』(電通)電通パブリックリレーションズ(編著)

『広報・マスコミハンドブック PR手帳2018』(アーク出版)(公社)日本パブリックリレーションズ協会(著)

『コトラーのマーケティング3.0 ソーシャル・メディア時代の新法則』(朝日新聞出版)フィリップ・コトラー、ヘルマワン・カルタジャヤ、イワン・セティアワン(著)/恩藏直人(監訳)/藤井清美(訳)

『コトラーのマーケティング4.0 スマートフォン時代の究極法則』(朝日新聞出版)フィリップ・コトラー、ヘルマワン・カルタジャヤ、イワン・セティアワン(著)/恩藏直人(監訳)/藤井清美(訳)

『主要企業の広報組織と人材 2013年版』一般財団法人 経済広報センター(編集・発行)

『心理マーケティングの基本』(日本実業出版社)梅津順江(著)

『図解 使える心理学』(KADOKAWA)植木理恵(著)

『すべての仕事はクリエイティブディレクションである。』(宣伝会議)古川裕也(著)

『戦略広報 パブリックリレーションズ実務事典』(電通)株式会社電通パブリックリレーションズ(編著)

『戦略思考の魅力度ブランディング 企業価値を高める「魅力」の磨き方と伝え方』(日経BP社)企業広報戦略研究所(編著)

『体系 パブリック・リレーションズ』(ピアソン・エデュケーション)スコット・M・カトリップ、アレン・H・センター、グレン・M・ブルーム(著)/日本広報学会(監修)

『第12回 企業の広報活動に関する意識実態調査 報告書』一般財団法人 経済広報センター(発行)

『手書きの戦略論「人を動かす」7つのコミュニケーション戦略』(宣伝会議)磯部光毅(著)

『パブリック・リレーションズの歴史社会学——アメリカと日本における〈企業自我〉の構築』(岩波書店)河炅珍(著)

『# HOOKED 消費者心理学者が解き明かす「つい、買ってしまった。」の裏にあるマーケティングの技術』(TAC出版)パトリック・ファーガン(著)/上原裕美子(訳)

『「欲しい」の本質 人を動かす隠れた心理「インサイト」の見つけ方』(宣伝会議)大松孝弘、波田浩之(著)

『リアルタイム 未来への予言 —社会・経済・企業は変わる』(ダイヤモンド社)レジス・マッケンナ(著)/枝條浩(訳)

おわりに

　この本は、電通パブリックリレーションズというPR会社に勤める、先輩・伊澤、後輩・根本のコンビで書き上げました。

　根本がPRを志したのは、『ブランドは広告でつくれない　広告vs PR』(翔泳社)という本がきっかけです。その本に刺激を受け、PR業界のトップである電通パブリックリレーションズに入社しました。
　しかし、夢や期待が膨らみすぎていたこともあったのでしょう。その本で描かれていたことと、現実とのギャップを感じざるを得ませんでした。悩みながらも、「いつか打破できるときが来る」と信じて10年以上実務を続け、そろそろ「溜まった自分の中のモヤモヤを言語化してみよう」とし出したときに、書籍執筆の話が訪れました。
　この本は、かつての私がそうだったように、現場で悩んでいるPRパーソンに一番に読んでいただき、ぜひ使い倒してもらいたいです。
　ただそれだけでは、PRの現場の悩みは解決しません。そこで経営者やクリエイターの方々との仕事を通じて必要だと感じた、PRパーソンの「コア」について書くことにしました。PRをしたい、PRをお願いしようと思ってくれる人たちの意識から変わってほしいと思っていたからです(それに気づかせてくれた大杉陽太さん、佐藤雄介さん、長久允さんに感謝です!)。
　根本の人生が1冊の本で変わったように、この本が誰かの人生を変える1冊になるよう、心から願っています。

　伊澤は、根本と違い、最初からPR業界を目指していたわけではありません。当初は出版社を志望していましたが、採用のハードルは高く、道が開けずにいました。そんなとき、「PRだったら、本を作ることだってできるよ! だって、目的達成のためなら何をやってもいいんだから」。そう励ましてくれた人がいました。電通パブリックリレーションズで働いていた大学のOBです。その言葉に背中を押され、初めてPR会社を就職先に考えました。
　PRに対する先入観がなかったぶん、入社してからは、がむしゃらに日々

の仕事と向き合うことができました。でも、ずっと思っていました。「PRは、目的達成のためなら何をやってもいい」と言われた、あの一言はいつになったら実現できるんだろう、と。

　PRパーソンの置かれた現実は少しずつ変わっているものの、そのスピードは遅々としています。根本のような希望に満ちた後輩たちの夢を叶えるためにも、日本のPR業界はもっと革新的に変わる必要がある。PRの可能性をもっと伝えたいし、その力になりたい。PRパーソンかつライターとして、数々のすばらしいPR事例を取材し、言語化していくうちに、「本を書くことがその道につながるのでは」と思うようになりました。その矢先、書籍刊行という機会が訪れました。今の自分ができる最大限の表現で、根本の頭の中とPRについて言語化し、フレーム化しました。ぜひたくさんの方に読んでいただき、日本のPR業界を変えていく一助になれば幸いです。

　最後に、この本を書くにあたりお世話になった方々に感謝を申し上げます。東京大学大学院 情報学環の河炅珍先生。インタビューや事例取材にご協力いただいたみなさま。電通デジタルの並河進さんをはじめとする、ソーシャルデザイン会議実行委員会、電通ソーシャル・デザイン・エンジンのみなさん。原稿作成にあたり、惜しみなくアドバイスをくれた電通パブリックリレーションズのみなさん。デザイナー兼編集者兼最初の読者として支えてくれた、竹内沙織さん。常に明るく執筆を応援してくれた、翔泳社の石原真道さん。あたたかく見守ってくれた家族。本当にありがとうございました。

　最後の最後に、これまで出会った全ての仕事と本と人に、改めて感謝します。

　私たちの「PR」へのあくなき追求は、これで終わったわけではありません。また、どこかでお目にかかれますように。

株式会社電通パブリックリレーションズ

伊澤佑美・根本陽平

Glossary | 用語集

ROI
Return On Investmentの略で、投下した資本に対して得られた利益を測るための指標。「投資利益率」「投資回収率」とも呼ぶ。ROIが大きければ大きいほど、投資効率が高いことを示す。

IMC
Integrated Marketing Communicationsの略。総合的マーケティングコミュニケーションのことで、広告や販売活動、PR、スポンサーシップなど、多様なコミュニケーション手段を総合的に活用すること。

AISAS
Attention（注意）→ Interest（関心）→ Search（検索）→ Action（行動）→ Share（情報共有）の頭文字を取ったもので、インターネット普及後の時代の消費者による購買行動を説明するモデル。

AIDMA
Attention（注意）→ Interest（関心）→ Desire（欲求）→ Memory（記憶）→ Action（行動）の頭文字を取ったもので、消費者が商品の認知から購買に至るまでのプロセスモデル。

アップセル
「ある商品の購入を検討している顧客」に対して「価格や利益率がワンランク上の製品を提案」することで売上向上を目指すこと。

アドテクノロジー
インターネット広告技術の総称。アドネットワーク、DSP、アトリビューション分析など、仕組みから最適化手法まで幅広く含まれる。

アルゴリズム
コンピュータの処理手順を表したもの。コンピュータがある問題を解決するためのアプローチ方法。

ES
Employee Satisfactionの略。従業員満足。顧客が満足する製品やサービスを提供するためには、従業員がその企業に対して満足していることが大切であるという観点から論じられる。

インターナルコミュニケーション
組織内コミュニケーション。社内報、各種社内イベントなど、円滑なインターナルコミュニケーションによって「職場の連帯感と相互信頼」「社員への企業理念の浸透、共通認識と価値観の醸成」「社員の活性化」「新しい体質と文化の創造」「社員の声が経営トップに届くボトムアップ経営」などの成果が生まれる。

インバウンドマーケティング
広告出稿などに頼るのではなく、消費者自身に「見つけてもらう」ことを目的としたマーケティング施策。見込み客に対して有益なコンテンツをネット上で提供することで、検索結果およびソーシャルメディアで発見されやすくする。

インフルエンサー
主にソーシャルメディア上で、他のユーザーへの影響（Influence）力が強い人。

インプレッション
Webサイトに掲載される広告の効果を計る指標の1つで、広告の露出（掲載）回数のこと。サイトに訪問者が訪れ、広告が1回表示されることを1インプレッションという。impあるいはimpsと略記されることもある。

インベスターリレーションズ
企業が株主、投資家など証券市場関係者に対し、投資判断に必要な企業情報を適時、公平、継続して提供する活動。個人株主、外国人株主なども視野に入れ、企業コミュニケーションの枢要な領域になっている。

SEM
Search Engine Marketingの略。検索エンジンを広告媒体と捉え、それを通じて自社Webサイトへの訪問者を増やすマーケティング手法。

SEO
Search Engine Optimizationの略。日本語では「検索エンジン最適化」。Googleなどの検索エンジンにおいて、特定のキーワードで検索された際に、検索結果ページで上位に表示されるように工夫すること。

SNS
Social Networking Serviceの略。ユーザーが互いに自分の趣味、好み、友人、社会生活などのことを公開し合い、幅広いコミュニケーションを取り合うことを目的としたコミュニティ型のWebサイトのこと。

LTV
Life Time Value（顧客生涯価値）の略。顧客が取引を開始してから終了するまでの間、その顧客がもたらした損益を累計したもの。顧客シェアを計測する

指標として考案された。

エンゲージメント
企業や商品、ブランドなどに対して生活者が抱く愛着心や親近感。企業と従業員の相互の深い結び付きを指すこともある。

オピニオンリーダー
世論や社会的合意の形成に影響力を持つ人々（学者、文化人、評論家など）のこと。企業はこれらのオピニオンリーダーと常に良好な関係を保てるよう、懇談会への参加、シンポジウム、セミナー開催、PR誌の制作などで協力を得るなどのコミュニケーション活動を行うことが重要である。

オフレコ
Off the Record（オフ・ザ・レコード）の略で「記録しない」という意味。メディア関係者との会見やインタビューの場で、発言者が発表内容に関する微妙な内情や背景を打ち明けるが、報道内容には反映しないことを約束すること。メディア側は同義的に公表しないのが原則だが、あくまで紳士協定であり守られないこともある。

オムニチャネル
流通・小売業の戦略の1つで、実店舗、通販カタログ、ダイレクトメール、オンライン店舗（ECサイト）、モバイルサイト、SNS、コールセンターなど、複数の販売経路や顧客接点を有機的に連携させ、顧客の利便性を高めたり、多様な購買機会を創出すること。元は流通・小売業から始まったが、メーカーやサービス業などにも広まりつつある。

カスタマージャーニー
一言でいうと「顧客が購入に至るプロセス」のこと。特に、顧客がどのように商品やブランドと接点を持って認知し、関心を持ち、購入意欲を喚起されて購買や登録などに至るのかという道筋を旅に例え、顧客の行動や心理を時系列的に可視化したものを「カスタマージャーニーマップ」と呼ぶ。

記者クラブ
各省庁、都道府県庁、市役所、警察署、団体などの記者室に置かれた取材のための機関のこと。企業にとっても記者との重要な接点となっている。

記者懇談会
企業のトップあるいは担当者が、比較的少数の専門知識を持つ担当記者団に対し、ある一定のテーマに基づき、商品を丁寧に解説したり、自由に意見交換する場。

記者説明会
商品そのものの説明をするのではなく、裏にある研究成果や開発背景、社会的テーマなどの解説を通じ、メディアの理解促進を図るためのイベント。プレゼンターは研究者や学者、オピニオンリーダーを立てるケースが多い。メディアセミナーや記者勉強会ともいう。

記者発表会
トップ人事や合併、新規事業、新商品開発・発売など、企業活動に動きがあったときに、メディアに案内を出して集まってもらい、その内容を発表し、詳細を説明する場。原則として未発表情報が対象となり、ニュースリリースを同時解禁する。

切り口
文脈やストーリーを設計するうえでの観点、視点。

キュレーション
様々な情報を整理したり、特定のテーマに沿って情報をつなぎ合わせて新しい意味を持たせること。こうした独自の取材によらない情報をもとに形成されたメディア（まとめサイトなど）を「キュレーションメディア」という。

Google Analytics
Googleが提供する、高機能な無料アクセス解析ツール。Webサイトの各ページに「トラッキングコード」と呼ばれるコードを挿入することで、そのページに関する様々なアクセス関連情報を収集できるようになっている。

Google Trends
Web検索において、特定のキーワードの検索回数が時間経過に沿ってどのように変化しているかをグラフで参照できるGoogleサービスの名称である。Google トレンドに任意のキーワードを入力して検索を行うと、そのキーワードが過去にどの程度検索されたのかについて、指数を表す線グラフで参照することができる。

クライシスコミュニケーション
万が一不測の自体が発生した場合にその影響やダメージを最小限にとどめるための「情報開示」を基本とした、ステークホルダーへの迅速かつ適切なコミュニケーション活動。

クロスセル
ある商品を購入したり購入しようとしている顧客に対して別の商品を勧めるマーケティング手法。勧める商品は関連性が高かったり同時に購入すると割引になるような商品であることが多い。

クロスメディア
複数のメディアを組み合わせること。広告の世界では、消費者の行動を促進することが主な目的となる。

KGI
Key Goal Indicatorの略。組織やプロジェクトが達成すべき目標を定量的な指標で表したもの。抽象的

な理念や目的のようなものではなく、「いつ、どの指標がどのレベルに到達したら目標達成とみなすのか」を定義したもの。日々の進捗を計る指標としてKPIが併用されることが多い。

KPI
Key Performance Indicatorの略。日本語では「重要経営指標」「重要業績指標」などと訳される。KGIを達成するために取り組むべき、個々の目標数値。

広告費換算
メディアで報道された記事や映像の面積・時間を、広告として購入した場合の媒体費（定価）に換算する測定手法の1つ。

コーポレートガバナンス
企業統治の意味。具体的には社外取締役、社外監査役の導入による情報開示、監査機能の強化、執行役員制度の導入による意思決定と業務執行の分離などの仕組みを指す。

コーポレートレピュテーション
企業に対する評判、評価のこと。経営に大きな影響を与えることもあるため、企業は、多様化・複雑化するコミュニケーション環境に対応し、好評価獲得のための戦略的な取り組みを求められている。

コンセンサス
合意、同意、総意。企業や組織、政府は、自らの利害や政策を推進するうえでターゲット層も広く社会の理解・合意を得なくてはならない場合がある。その場合、対立する意見などに対して、透明性のある方法で自らの主張を展開し、対話や議論によって合意を得ることが求められる。

コンタクトセンター
企業の中で、顧客対応を行う部署。もともとは電話が中心だったのでコールセンターと呼ばれていたが、ネット化する中でメールやチャットなど、様々な顧客からのアクセスに対応することから、最近ではコンタクトセンターと呼ばれている。

コンテクスト
文脈、背景。メッセージやストーリーをより伝わりやすくするための付加情報。

コンテンツ
メッセージやストーリーを表現するための要素・内容。メディアなどで提供される動画、データ、テキストなどを指すこともある。

コンバージョン
ネット広告の分野では、広告や企業サイトの閲覧者が、会員登録や資料請求、商品購入など企業の望む行動を起こすことをいう。「単なる訪問者から会員や（見込み）顧客への転換」という意味合いがある。

コンプライアンス
法令遵守。法律を守ることのみと解釈されがちだが、企業市民として企業倫理をきちんと守り、ステークホルダーと良好な関係を築くための基本的な考え方のこと。

サステナビリティ
企業が持続的に発展するために、企業としての明確なビジョンのもと、社会・環境・経済の3つの側面に配慮し、ステークホルダーの支持を得ようという考え方。

CRM
Customer Relationship Managementの略。主に情報システムを用いて顧客の属性や接触履歴を記録・管理し、それぞれの顧客に応じたきめ細かい対応を行うことで長期的な良好な関係を築き、顧客満足度を向上させる取り組み。また、そのために利用される情報システムのこと。

CSR
Corporate Social Responsibilityの略。企業が果たすべき社会的責任。企業が自らの社会的責任を明確に定義し、それを社会に向けて発信し、実践することによって、競争力を高め、持続的な発展につなげていくのが基本的な考え方。サステナビリティや広い意味でのコーポレート・ガバナンスと同義で、より長期的な視点に立った企業とステークホルダーの間の信頼関係作りに寄与する。

CSV
Creating Shared Valueの略。企業活動を通じて社会課題の解決に貢献しつつ、企業も継続的成長に必要な経営資源を獲得し、社会と企業が共有できる価値を生み出すことを目指す経営コンセプト。

CCO
Chief Communication Officerの略。企業におけるコミュニケーションの統括責任者。

CtoC
Consumer to Consumerの略。一般消費者同士がインターネット上で物品やサービスの取引を行うこと。

社会的合意形成
広く生活者からの容認を得ること。社会における合意を形成すること。

スクープ
本来は「シャベルで掘り出す」という意味。新聞・テレビ・雑誌などの報道機関が、ライバル社を出し抜いて独占的に重大ニュースを掲載・放送すること。またはその記事。

ステークホルダー
利害関係者の意。直接的には株主や債権者、従業員、取引先、顧客、監督官庁などを指すが、事業内

容などによっては地域住民や国民など広い範囲が対象に含まれる場合もある。企業活動を行ううえで、これらステークホルダーとのコンセンサスを得ることは今後ますます重要で、広報活動の大きなテーマの1つである。

ステートメント
メディア向け資料の1つで、一般的に記者会見時に読み上げる資料であるが、記者取材に対して統一情報や統一見解を提供できる、企業や組織として伝達したい事項を整理し、論理的に説明できる、データや事実関係について自主的に説明できるなどの特長を持っている。

ステルスマーケティング
「ステルス」とは、隠密を意味し、自らの正体や広告であることを隠した広告のこと。略して「ステマ」ともいう。

ストーリー
企業や組織などがコミュニケーションを図る際、ターゲットにその内容を説明するためのわかりやすい筋書き。

スポークスパーソン
報道機関に対して、掌握している情報を適宜発表する広報責任者のことで、緊急事態の発生時などに用いられ、一般には広報部長や広報担当役員が選任される。

生活者インサイト
生活者の行動や態度、それらの背景にある意識構造など、各種調査などによって得られる洞察。

想定問答集
取材対応や記者会見のときに、あらかじめ発せられそうな質問を想定し、それに対する回答を用意したもの。できるだけシビアな質問を想定し、この想定問答集により回答者は答えを覚えておくことが重要になる。

ソーシャルメディア
インターネットを利用して誰でも手軽に情報を発信し、相互のやりとりができる双方向のメディア。欧米ではShared mediaともいわれる。代表的なものとして、ブログ、FacebookやTwitter等のSNS、YouTubeやニコニコ動画等の動画共有サイト、LINE等のメッセージングアプリがある。ソーシャルメディアには利用者同士のつながりを促進する様々な仕掛けが用意されており、互いの関係を視覚的に把握できることが特徴。

ソーシャルグラフ
Web上での人間の相関関係や、そのつながり・結び付き。

ソーシャルリスク
ステークホルダーがソーシャルメディア上に発信した情報をきっかけとして、情報漏えい、風評被害、名誉毀損、反社会的な行為や犯罪行為の露呈などが複合的に発生し、企業に対して信用失墜、取引停止や企業価値の低下など致命的なダメージを与えるリスクをいう。

ソーシャルリスニング
ソーシャルメディア上で人々が日常的に語っている会話や、自然な行動に関するデータを収集し、業界動向の把握やトレンド予測、自社・ブランド・商品に対する評価・評判の理解や改善に活かすこと。

ターゲット
訴求対象。商品やサービスを購入してもらいたい消費者や、潜在顧客、それらの層に影響を与える周辺コミュニティ、社会全体など、目的にあわせて個別にターゲットを設定する。

ダイレクトマーケティング
顧客と個別・直接的な双方向コミュニケーションを行い、相手の反応を測定しながら、ニーズや嗜好に合わせて顧客本位のプロモーションを展開していくマーケティング方法。データベースマーケティング、インターネットマーケティング、CRM（顧客関係管理）、One to Oneマーケティングなど、今日でも重視されるマーケティング手法のベースとなっている。

チャネル
マーケティングの世界で使われる場合は、顧客につながる経路のこと。流通網やコミュニケーション手段など、あらゆる経路を指す。

ディスクロージャー
企業・組織が、ステークホルダーに対して、経営活動や財務内容についての情報を開示すること。情報開示。一般的には、証券取引法に基づいて、投資家の保護を目的とした開示制度を指す。

定性調査
数値化が不可能な文章や画像、音声などの形式の情報で調査・分析する方法。

定性データ
数値化が不可能な文章や画像、音声などの形式を取るデータのこと。定性情報とも呼ぶ。例えば、顧客の生の声などが挙げられる。

定量調査
選択肢回答形式のアンケート調査などで取得したデータを数値化して分析する手法。数値化された情報がもとになるため、全体の構造や傾向が把握しやすい。

データジャーナリズム
データを分析して、新たなニュースを発掘し、デジタルメディアなどで伝える、新しい報道のカタチ。

膨大なデータや、読み解きが難しいデータでも、デジタル・ビジュアライゼーションを駆使するインフォグラフィックスでわかりやすく伝えられるのが特徴。

データドリブン
調査などで得られたデータをもとに、次のアクションを起こしていくこと。

データマイニング
データベースに蓄積されている大量のデータから、統計や決定木などを駆使して、マーケティングに必要な傾向やパターンなどの隠された規則性、関係性、仮説を導き出す手法のこと。

テキストマイニング
定型化されていない文章の集まりを自然言語解析の手法を使って単語やフレーズに分割し、それらの出現頻度や相関関係を分析して有用な情報を抽出すること。

デスク
新聞や雑誌で取材・編集の指揮、入稿責任を持つ者。通常は各部の副部長、次長クラスが担当する。現場の記者に指令を出し、集まった複数のニュースを記事として作成したり、企画や編集を行ったりする。

デモグラフィック属性
人口統計学的な特徴を表す情報・データ。例えば、性別、年齢、未既婚、家族構成、世帯収入、個人収入、職業など。

内部告発
社内で計画あるいは遂行された事柄が、社会や顧客にとって不利益となる場合、その情報をメディア等に対して提供する行為をいう。昨今の多くの企業不祥事は内部告発によって発覚しており、企業側にコンプライアンスやガバナンスに対する認識が求められている。

ニュースアプリ
スマートフォンなどのデバイスにニュースを配信するアプリケーションソフトウェアの総称。新聞社や出版社が制作した個々のニュースを1つのアプリケーションでまとめてスマートデバイス上で読むことができる。ロボット型検索エンジンなどから記事をまとめる形式や、独自に編集部を設置し、記事を制作する場合もある。

ニュースリリース
トップ人事や合併、新規事業、新商品開発・発売など、企業活動で発生するニュース素材をメディアに知らせるための、その内容を簡潔にまとめた文書。ニュースリリースに掲載する内容は、原則として未発表情報が対象になるため、発表の際は発表日時を正確に決め、どのメディアに向けても、分け隔てなく一斉に情報解禁する必要がある。ニュースリリースには、必ず盛り込むべき内容や、ならうべき書式など、押さえるべきルールがある。

ニュースレター
メディアや有識者などとの良好なコミュニケーションを図るために、テーマ性を持った情報を定期的に紹介する読み物形式の情報発信ツール。月刊・隔月刊・季刊などの形態をとる。

ネイティブアド
ユーザーがいつも使っているメディアもしくはサービスの中で、自然になじむデザインや、機能で表示されるペイドメディアの一種。

バイラルメディア
多くの人の興味を惹き、多くの人が他の誰かに紹介したくなるような話題（ネタ）を提供するメディアのことで、TwitterやFacebookといったソーシャルメディアを通じた拡散を主要な集客経路としている。具体的な内容は、時事的な話題を扱う文章記事から爆笑動画など多岐に渡る。

バズマーケティング
口コミを活用したマーケティング手法。バズ（buzz）とは、もともとは蜂など羽音を意味する語。転じて、ワイワイガヤガヤとして噂や世間話を指すようになった。インターネットを通じ個人による情報発信が容易になった昨今では、ブログ、ソーシャルメディアなどでこうした口コミが展開されており、そうしたネットワークを通じて情報を伝播させるマーケティング手法を指すことが多い。バイラルマーケティングともいう。

ハッシュタグ
#記号と、半角英数字で構成される文字列のことをTwitterやInstagram等のソーシャルメディア上ではハッシュタグと呼ぶ。発信内に「#○○」と入れて投稿すると、その記号付きの発言が検索画面などで一覧できるようになり、同じイベントの参加者や、同じ経験、同じ興味を持つ人の様々な意見が閲覧しやすくなる。

パブリシティ
企業や団体が、経営施策や商品・サービスといった情報を報道機関（メディア）にて供し、ニュースとして掲載、放送してもらうこと。

パブリシティ調査
パブリシティ獲得などを目的に行う調査のこと。「消費者ニーズを把握する」ことを主目的としたマーケティング調査とは異なり、パブリシティ調査は「いかに話題化するか」を念頭に置いた逆算の発想が必要。

パブリックアフェアーズ
PRSA（米PR協会）の定義によると、パブリックリ

レーションズの専門領域の1つ。政府や地域コミュニティと相互に有益な関係を築き、維持する活動。政府のＰＲ活動に対しこの言葉が使われることもある。

バルセロナ原則
AMEC（International Association for Measurement and Evaluation of Communication：国際コミュニケーション測定評価協会）と米のPR研究所IPR（Institute for Public Relations）が2010年6月に開催した「第2回効果測定に関する欧州サミット」で、AMECが提唱したPRの効果測定に関する7原則。2015年に改定され、「バルセロナ原則2.0」となった。
(1) ゴールの設定と効果測定はコミュニケーションとPRにとって重要である。
(2) アウトプットだけの測定よりも、むしろコミュニケーションのアウトカムを測定することが推奨される。
(3) 組織のパフォーマンスへの効果は測定可能であり、可能な限り測定すべきである。
(4) 量と質を測定・評価すべきである。
(5) 広告換算値はコミュニケーションの価値ではない。
(6) ソーシャルメディアは他のメディアチャネルとともに測定可能であり、測定すべきである。
(7) 測定および評価は、透明性があり、一貫性があり、有効なものであるべきである。

PR誌
企業が、その理念や企業活動を社会や地域住民に対して広く伝えるために発行している媒体で、最近では一方的に企業情報を発信するだけではなく、社会的・文化的に価値あるテーマをシリーズでじっくりと取り組み、一般書籍化する傾向もある。

PDCA
業務プロセスの管理手法の1つで、計画（Plan）→実行（Do）→評価（Check）→改善（Act）という4段階の活動を繰り返し行うことで、継続的にプロセスを改善していく手法。

BtoC
Business to Consumer／Customerの略。企業と個人（消費者）間の商取引、あるいは、企業が個人向けに行う事業のこと。消費者向け事業が主体の企業のことをBtoC企業ということがある。

BtoB
Business to Businessの略。企業間の商取引、あるいは、企業が企業向けに行う事業のこと。企業向け事業が主体の企業のことをBtoB企業ということがある。

BtoBtoC
Business to Business to Consumerの略。他の企業の消費者向け事業を支援・促進するような事業、あるいは、他の企業から仕入れた商品を消費者に販売する事業を指す。その取引や事業そのものは企業間で行われるが、全体としては顧客企業の消費者向け事業の一部になっているようなものや、企業と消費者の仲立ちとなって取引を仲介・媒介するような事業のことを意味する。

ビッグデータ
通常のソフトウェアでは分析できないほど膨大なデータ。ビッグデータの定義として有名なものに、量（Volume）、発生頻度（Velocity）、多様性（Variety）が揃っているという「3V」がある。

ファクトブック
企業の持つ技術や商品・サービスの特性や、開発背景、開発者情報などの客観的事実（ファクト）をまとめた資料。ニュースリリースと異なり、既存情報や深掘り情報のまとめであることが多いので、一斉に情報解禁する必要はなく、興味を抱いてくれそうなメディアに送付したり、個別プロモートの資料として活用されるケースが多い。「報道用基礎資料」とも呼ぶ。

フィジビリティ
実現可能性の意味。PR戦略を実施するに当たり、アイデアのクリエイティヴィティを追及すると同時に、規制・法令・社会的禁忌等も事前に調査・考慮したうえで、プロジェクトの実現可能性を検討することが望ましい。

風評被害
根拠のない悪評が流れることにより受ける経済的ないしは名誉的な被害。社会に広がる噂やデマや、メディアによる事実誤認・憶測・誹謗中傷などの報道は、企業にとって大きなリスクとなる。資本市場では「風説」と呼ばれ、投資家の投資判断に影響を及ぼす虚偽の情報を流す行為（風説の流布）は金融商品取引法により禁止されている。

フォトセッション
記者発表会やPRイベントなどで、メディア関係者を対象にパブリシティ用の写真を撮影する場面、時間を設定すること。メディアにとって関心のある人物（発表時のメインプレゼンターやゲスト出演した芸能人など）が被写体となる。イベントに参加するメディア関係者の注目を集めることにより記事や放送への露出の機会を獲得し、パブリシティ効果を高めることが狙いである。企業や商品のロゴマークの入ったパネルの前で実施されることが多い。

フォロワー
Twitterをはじめとするソーシャルサービスにおいて、特定のユーザーの更新状況を手軽に把握できる機能設定を利用し、その人の活動を追っている者のこと。

ブランド・ジャーナリズム
ブランド（＝企業）自らが取材をし、編集した記事やストーリーを自らのウェブサイトやソーシャル

メディアなどを通じて、直接生活者に発信していくことで、ブランドがジャーナリスティックな視点と手法で情報を拡散することを意味する。

ブランドマネジメント
ブランドに企業理念、哲学、ビジョンといった経営要素を持たせ、それを育成・確立していくことで主体性を持った市場戦略を展開する経営手法。企業活動のグローバル化に伴う競争の激化や企業のガバナビリティーがより重要視されてきたことなどが"強いブランド"の重要性を高めている。ブランドの価値を数値化するブランド・エクイティーの概念は、企業価値や株価に大きな影響力を持つ。

ブリーフィング
企業などがメディアに対して行う状況説明。レクチャーと同義語。

ブレインストーミング
数名ごとのチーム内で、1つのテーマに対しお互いに意見を出し合うことによってたくさんのアイデアを生産し、問題の解決に結び付ける創造性開発技法のこと。

プレスキット
ニュースリリースをはじめ、関連する資料・写真などを添付したファイル、またはその資料一式。記者発表会などで用意する場合が多い。

プレスプレビュー
話題性のあるイベントや展示会の開催、公共施設や大型建造物の竣工、テーマパークやミュージアムのオープンなどに際して、一般公開に先駆けてメディアに公開し、その事実を報道してもらうこと。記者内覧会とも呼ばれている。

プロパガンダ
特定の思想によって個人や集団に影響を与え、その行動を意図した方向へ仕向けようとする宣伝活動の総称。

PESO
統合メディアコミュニケーションのフレームワーク。PはPaid mediaで「購入する」メディア（広告やペイドのスポンサーシップなど）。EはEarned mediaで「獲得する」メディア（ニュースメディアにおけるパブリシティなど）。SはShared mediaで「共有される」メディア（ソーシャルメディアやブログなど）、OはOwned mediaで「所有する」メディア（コーポレートサイト、ブランドのソーシャルメディアアカウント、広報誌、店舗やミュージアム施設など）。

ペルソナ
企業が提供する製品・サービスにとって、最も重要で象徴的なユーザーモデル。氏名、年齢、性別、居住地、職業、勤務先、年収、家族構成といった定量的なデータだけではなく、その人の生い立ちから現在までの様子、身体的特徴、性格的特徴、人生のゴール、ライフスタイル、価値観、趣味嗜好、消費行動や情報収集行動などの定性的データを含めて、あたかも実在するかのような人物像を設定する。

編集権
新聞の公共目的（編集方針を決定し、報道の真実を確保し、論評の公正を図り、適正に公表する）を達成するために必要な、一切の管理的機能のこと。この原理は新聞だけではなく他のメディアにも広がった。放送分野では「編成権」という言葉を使うことが多い。

報道（状況）分析
報道された記事を定量・定性分析し、自社における広報課題の把握や、業界他社との露出状況の比較、記事内容の傾向把握、論調判断、商品名などアイテム別抽出などを行う、広報活動の戦略を検討するための基礎資料の1つ。

ポジションペーパー
ある問題をめぐって、ステークホルダーや他社との間に見解の相違、意見の対立など論争が生じているとき、ことの経緯や事実をわかりやすく記述し、かつ同時に対応プロセスと見解と主張について、第三者にわかるようにきちんとまとめた文書のこと。

見込み客
ある製品を買う可能性のある人（法人）を指す。その意味で、見込み客とは、ターゲットとして選定した顧客層を具体的な人や法人へと落としこんだものであるといえる。

メッセージ
企業や組織などがコミュニケーションを図る際、ターゲットに伝えたいこと。

メディアインサイト
メディアの当該テーマに対する報道論調やヒアリングの分析から得られる洞察。

メディアインプレッション
広告やPRの効果を測定する際に使われる指標で、情報に接触した人の推定総数。発行部数、推定視聴者数、PV数、フォロワー数、投稿数やシェア数などを積み上げた数字。

メディアキャラバン
企業のPR担当者が、複数のメディアをある期間に集中的に訪問し、記者や編集者に対して、新商品や新サービスに関するプレゼンテーションや情報提供を行うこと。

メディアトレーニング
メディアの状況を把握し、スムーズなインタビュー

対応などを実現するために、経営陣や広報担当者に対して講習・訓練を行うこと。

メディアヒアリング（メディアオーディット）
企業が担当記者などの報道機関に対して行う定性調査。企業イメージや広報活動に対する評価・心象を聞き出し、課題を抽出することで、広報活動の見直しや経営戦略の立案に役立てることを目的にしている。

メディアプロモート
メディアに情報を提供し、パブリシティを獲得するために活動すること。各メディアの特性に合わせて情報を提供することが望ましい。

メディアリレーションズ
メディアとの関係を密接にし、相互理解を進め好意的な報道を期待する活動。日常からの人間関係、記者発表会、懇談会、ニュースリリース、PR誌の配布、工場見学などいろいろな方法がある。

モニター・クリッピング
モニターは、発信した情報がどのメディアから、どのように取り上げられたか、実際に記事やオンエアされた番組を集めること。報道状況分析の重要な材料となる。クリッピングはその中で、新聞雑誌の記事を集めることをいう。

リーチ
インターネット広告においては、ある広告が何人に配信されたかを指す。PRにおいては、「メディアインプレッション」と同義で使われることもある。

リスクマネジメント
危機管理。環境の変化、事故、災害などが発生した自体を想定し、それぞれの事態に対応した策を講じておくこと。

レピュテーションマネジメント
企業や組織の評判向上のために行うコミュニケーション活動。その活動の管理。

レリバンシー
関係性・妥当性・適切性。PR戦略上、目標とするターゲットに情報が親和性のある形で到達し、態度変容をもたらすための、コンテンツ・情報流通設計に重要となる。

ロビー活動
企業や団体の意見や要望を、議会や政府の関係者に働きかけること。ガバメント・リレーションズにおいて重要な役割を果たす。「ロビイング」とも呼ぶ。

ワイヤーサービス
ニュースリリースなど企業・団体が開示する情報を、報道関係者、投資家、ポータルサイトなどへ配信するサービス。国内だけではなく、海外メディアや海外証券市場の財務情報開示システムへの配信も行えるものもある。

Index | 索引

【英数字】

9GAG ················· 183
Actor／Actress ··········· 068,074
Buzzfeed ················· 184
Earned media ············· 174
Inverse ················· 062,074
Keyword ················· 070,074
kmタクシー ················· 120
Most ················· 062,074
Opportunity ················· 038
Owned media ············· 174
P＆G ················· 080
Paid media ················· 174
PESOメディア ············· 174
post-truth ················· 164
PPAP ················· 182
PR ················· 027
PR IMPAKT® ··········· 060,074,090
PR思考 ················· 016
PR手法 ················· 014
Public ················· 064,074
SDGs ················· 170
Shared media ············· 174
Strength ················· 038
SWOT ················· 038
Threat ················· 038
Trend ················· 072,074
Weakness ················· 038

【あ】

アイヴィ・リー ················· 025
アウェアネス ················· 188
ありのまま採用 ················· 120
意外な発見 ················· 056,098
意識変化 ················· 188
インクリーシビティ ················· 162
インフォグラフィックス ················· 154
インフルエンサー ················· 180
エクリプスモデル ·········· 042,058,090
エゴサーチ ················· 050
エドワード・T・ホール ················· 153
エドワード・バーネイズ ················· 026
エビデンス ················· 142
鬼ムービー ················· 076
オレオ ················· 158

【か】

カッコイイ ················· 077,086
仮面就職 ················· 120
カワイイ ················· 077,086
感情トリガー ················· 076,090
関心 ················· 036,040,044,056
感動 ················· 077,084,086
キーワード ················· 070,074
記者発表会 ················· 141
季節性 ················· 072,074
逆説 ················· 060,074
競争優位 ················· 132
熊本城組み建て募金 ················· 096
啓発 ················· 077
コアアイデア創出・検証フレーム ··· 090
広告 ················· 026
広告換算 ················· 186
国際自動車 ················· 120
個別プロモート ················· 141

【さ】

最上級 ················· 062,074
サクラパックス ················· 096
自虐 ················· 039
資生堂 ················· 078
持続可能な開発目標 ················· 170

自負	038
社会性	064,074
情報優位	132
情報流通構造	176
時流	072,074
人材改革	190
信じられない	077,084
数字	070,074
すっぽんぽん採用	122
スティーブ・バレット	175
ストーリージェニック	154
スマートフォン	152
正装白T	108
正当な理由	056,098
セクシー	077,084
ソーシャルメディア	148

【た】

態度変容	188
タイム	160
対立構造	060,074
ダイレクト	152
地域性	064,074
チーム改革	190
独自	062,074
ドライバー	151
トレンド	072,074

【な】

ニュースリリース	140

【は】

バイラルメディア	182
河㻖珍	020
爆笑	077,086
初	062,074
パブリシティ	015,024,138,148
パブリシティ・チェッカー	142
パブリック	021
パブリック・リレーションズ	026
バルセロナ原則	186

ヒト	142
ヒドイ	077,084,086
ファクト	105,164
ファクトブック	141
フィリップ・コトラー	032
フェイクニュース	164,166
フォーマット改革	190
フォトジェニック	154
物議をかもす	077
プレスリリース	141
フロー改革	190
プロパガンダ	026
ベジタルファーム	102
報道用基礎資料	141
ポスト真実	164

【ま】

マーケティング3.0	032
マイクロインフルエンサー	180
マイクロモーメント	156
マルチエゴサーチ	050
ムービージェニック	155
胸熱	077,084,086
メタル社歌／メタル小松菜	102
メディアキャラバン	141
モーメント	156
モノ	142
問題	036,040,044,056

【や】

役者	068,074
安川電機	080

【ら】

リアルタイム	158
リスク	172
リスクマネジメント	088
レジス・マッケンナ	158

本書内容に関するお問い合わせについて

このたびは翔泳社の書籍をお買い上げいただき、誠にありがとうございます。弊社では、読者の皆様からのお問い合わせに適切に対応させていただくため、以下のガイドラインへのご協力をお願い致しております。下記項目をお読みいただき、手順に従ってお問い合わせください。

● ご質問される前に

弊社Webサイトの「正誤表」をご参照ください。これまでに判明した正誤や追加情報を掲載しています。

正誤表　https://www.shoeisha.co.jp/book/errata/

● ご質問方法

弊社Webサイトの「刊行物Q&A」をご利用ください。

刊行物Q&A　https://www.shoeisha.co.jp/book/qa/

インターネットをご利用でない場合は、FAXまたは郵便にて、下記"翔泳社 愛読者サービスセンター"までお問い合わせください。
電話でのご質問は、お受けしておりません。

● 回答について

回答は、ご質問いただいた手段によってご返事申し上げます。ご質問の内容によっては、回答に数日ないしはそれ以上の期間を要する場合があります。

● ご質問に際してのご注意

本書の対象を越えるもの、記述個所を特定されないもの、また読者固有の環境に起因するご質問等にはお答えできませんので、予めご了承ください。

● 郵便物送付先およびFAX番号

送付先住所　　〒160-0006　東京都新宿区舟町5
FAX番号　　　03-5362-3818
宛先　　　　　（株）翔泳社 愛読者サービスセンター

※本書に記載されたURL等は予告なく変更される場合があります。
※本書の出版にあたっては正確な記述につとめましたが、著者や出版社などのいずれも、本書の内容に対して何らかの保証をするものではなく、内容やサンプルに基づくいかなる運用結果に関してもいっさいの責任を負いません。
※本書に記載された内容はすべて著者の個人的な見解に基づいたものであり、特定の機関、組織、グループの意見を反映したものではありません。また、本書に掲載されている情報の利用によっていかなる損害が発生したとしても、著者並びに出版社は責任を負いません。
※本書に記載されている会社名、製品名はそれぞれ各社の商標および登録商標です。

著者紹介

根本 陽平 Yohei Nemoto（左）

株式会社電通パブリックリレーションズ
（現：株式会社電通PRコンサルティング）
コンサルティング・エキスパート
企業広報戦略研究所 主任研究員
オンライン動画専門チーム「鬼ムービー」所属

PR一筋に、10年以上現場で実務と研究・分析・メソッド開発などを同時に行うPRSJ認定PRプランナー。徹底した"PR思考"でプロモーションから商品開発・企業活動の全体設計を行う。Public Relationsをテーマに、企業や成蹊大学や立教大学、社会情報大学院大学などで講義。宣伝会議「オンライン動画プランニング実践講座」（2016年、2017年、2018年）講師。共著に「自治体PR戦略」（時事通信社/2016年12月）、「戦略思考の魅力度ブランディング」（日経BP社/2018年1月）。メディア掲載に朝日新聞「ひと」など。受賞歴は、Global SABRE Awards（「世界のPRプロジェクト50選」）、PRWeek Awards Asia（4年連続）WOMMY AWARD、IPRA、日本PRアワード、GOOD DESIGN AWARDなど。

伊澤 佑美 Yumi Izawa（右）

株式会社しごと総合研究所
パーパス キャッチャー
一般社団法人グラフィックファシリテーション協会
認定プロフェッショナル

2003年、株式会社電通パブリックリレーションズ入社。
企業や自治体のPRプランニングやメッセージコンサルティングを手がける。
6年にわたる自社メディア編集長経験を生かし、相手の思考を引き出す、組み立てる、見える化するPR思考のダイアログライターとしても活動。外部メディアでの連載・寄稿のほか、PRをテーマにした講義多数。共著に「自治体PR戦略」（時事通信社、2016年12月）がある。2020年2月、株式会社しごと総合研究所に転籍。「パーパス（深い目的や意図、強い動機・理由）」を握って「場」に寄り添う、ファシリテーターとして活動。組織内やコミュニティ内で、深い関係性をつむぐための「感性開発」、関係性が鍵を握る「組織開発」「地域活性」などを手掛けている。
株式会社しごと総合研究所 サイト：
https://www.shigotosoken.jp/

▶ 購入特典

本書をお買い上げいただいた方全員に、PRの参考になる特典を差し上げています。
詳細については、下記の提供サイトをご覧ください。

▼提供サイト
https://www.shoeisha.co.jp/book/present/9784798155685

※ファイルをダウンロードする際には、SHOEISHA iDへの会員登録が必要です。
※コンテンツの配布は予告なく終了することがあります。あらかじめご了承下さい。

装丁・本文デザイン	植竹 裕(UeDESIGN)
装丁(裏)制作・DTP	佐々木 大介
	Opto 畠中 ゆかり
	大屋 有紀子

デジタル時代の基礎知識『PR思考』
人やメディアが「伝えたくなる」新しいルール
（MarkeZine BOOKS）

2018年 3月15日　初版第1刷発行
2023年 1月 5日　初版第4刷発行

著者	伊澤 佑美、根本 陽平
発行人	佐々木 幹夫
発行所	株式会社 翔泳社（https://www.shoeisha.co.jp）
印刷・製本	日経印刷 株式会社

©2018 Yumi Izawa, Yohei Nemoto

本書は著作権法上の保護を受けています。本書の一部または全部について（ソフトウェアおよびプログラムを含む）、株式会社 翔泳社から文書による許諾を得ずに、いかなる方法においても無断で複写、複製することは禁じられています。
本書へのお問い合わせについては、206ページに記載の内容をお読みください。
落丁・乱丁はお取り替えいたします。03-5362-3705までご連絡ください。

ISBN978-4-7981-5568-5　　　　　　　　　　　　　　　　　　Printed in Japan